谨以此书献给所有致力于世界和平的人们和在我国对外援助工作中,辛勤付出及牺牲生命的同胞!

世界不会忘记

本书编写组

中央编译出版社

图书在版编目（CIP）数据

世界不会忘记 / 本书编写组编 . -- 北京：中央编译出版社，2021.8

（"铭记"系列丛书 / 周汉飞，王丹誉主编）

ISBN 978-7-5117-4010-6

Ⅰ.①世… Ⅱ.①本… Ⅲ.①对外援助—概况—中国 Ⅳ.① D812

中国版本图书馆 CIP 数据核字（2021）第 173220 号

世界不会忘记

选题策划	张远航　周汉飞
责任编辑	李媛媛
责任印制	刘　慧
出版发行	中央编译出版社
地　　址	北京西城区车公庄大街乙5号鸿儒大厦B座（100044）
电　　话	（010）52612345（总编室）（010）52612335（编辑室） （010）52612311（营销部）（010）52612315（新技术部）
传　　真	（010）66515838
经　　销	全国新华书店
印　　刷	文畅阁印刷有限公司
开　　本	710毫米 × 1000毫米　1/16
字　　数	160千字
印　　张	12
版　　次	2021年7月第1版
印　　次	2021年10月第1次印刷
定　　价	58.00元

新浪微博　@中央编译出版社　　微　信　中央编译出版社（ID：cctphome）
淘宝店铺　中央编译出版社直销店（htp://sholl08367160.taobao.com）（010）52612322

本社常年法律顾问：北京市吴栾赵阎律师事务所律师　闫军　梁勤
凡有印装质量问题，本社负责调换，电话：（010）52612317

《铭记》丛书编委会

主　编：周汉飞　王丹誉

副主编：吴　明　闫　霞　陈聚春

编　委：吴　明　朱玉生　张　伟
　　　　田　溪　李　航　李　辉
　　　　吴　德

序
感恩·铭记·回报

《诗经·大雅·抑》："投我以桃，报之以李。"

中华民族是懂得感恩、投桃报李的民族。

从 1840 年英国对华发动鸦片战争开始，中国被迫签署诸多不平等条约，对外赔款，还被迫割让了许多的领土；"二战"中日本侵略者铁蹄的蹂躏使中国遭受了世界上最大规模的人员牺牲；新中国成立后又被西方国家制裁封锁了 20 多年。

为了阻止中国快速发展，长期以来，以美国为首的一些西方国家受极端势力控制的媒体总是以诋毁、抹黑和污名化中国为能事，处心积虑，屡屡变换和炒作各种概念，从"中国威胁论""修昔底德陷阱""国强必霸""胁迫外交""经济、军事胁迫"到"新冠病毒溯源政治化"……

直到今天，互联网时代，他们仍信奉"谎言一千遍，就成了真理"，热衷于试图通过各种令人不齿的手段和方式，不断对中国进行打压、孤立。但是，充满正义感和爱好和平的世界人民的眼睛是雪亮的，他们的傲慢、偏见和谎言反而有助于人们认清事实的真相。美国哥伦比亚大学教授杰弗里·萨克斯说过这样一句话："中国拒绝美国的霸权，并不意味着中国也在谋求霸权。事

世界不会忘记

实上,在美国以外,几乎没有人相信中国的目标是要称霸全球。"

天下苦西方霸凌久矣!历经苦难的中国人民珍惜和平,绝不会将自己曾经遭受过的悲惨经历强加给其他民族。一直以来,西方列强至死把"真理在大炮射程之内"奉为圭臬,而中国从来都把"己所不欲,勿施于人""以德服人"当作行动指南和崇高追求。

自古以来,中华民族坚持睦邻友好,而不是对外侵略扩张;执着于保家卫国的爱国主义,而不是开疆拓土的殖民主义。中华民族的血液中没有侵略他人、称霸世界的基因。中国坚持走和平发展道路,不接受"国强必霸"的逻辑。中国近代史,是一部充满灾难、落后挨打的悲惨屈辱史,是一部中华民族抵抗外来侵略、实现民族独立的伟大斗争史。

100多年来,在中国共产党坚强领导下,中国人民勇于探索、不断实践,成功开辟了中国特色社会主义道路,推动中国特色社会主义进入新时代,中国大踏步赶上了时代,中国人民意气风发走在了时代前列!

面对突如其来的新冠肺炎疫情,中国第一时间向世界卫生组织、有关国家和地区组织主动通报疫情信息、发布新冠病毒基因序列等信息、公布诊疗方案和防控方案,同许多国家、国际和地区组织开展疫情防控交流活动,开设疫情防控网上知识中心并向所有国家开放,毫无保留同各方分享防控和救治经验。中国在自身疫情防控面临巨大压力的情况下,尽己所能为国际社会提供援助,有力支持了全球疫情防控,展现了负责任世界大国的良好形象和以实际行动构建人类命运共同体的务实承诺,赢得了世界各国的普遍认可和广泛赞誉。

从新中国成立之初,在自身经济还十分困难的情况下,就开始向其他发展中国家提供不附加任何政治条件的真诚援助。中国的对外援助坚持始终尊重受援国的自主意愿和实际需求,坚持平等协商,不搞模式输出,致力于促进当地经济社会发展。这是中国与西方发达国家对发展中国家援助的根本区别。

回顾这段极不平凡的历程，中国走出了一条中国特色对外援助发展道路。

数据是最真实的语言，不会撒谎；事实是最有力的证据，无可辩驳。

人无完人，金无足赤。这个世界并不完美，但不能成为我们追求美好的羁绊。中国共产党领导下的中国，人民幸福不幸福，自由不自由，最有发言权的不是少部分人，也不是西方极少数极端势力，而是绝大多数中国人民。民意汹涌，如今中国人民追求美好生活的脚步谁也阻挡不了，善意的批评我们欢迎，对于无端恶意且带有政治目的的攻击，我们坚决不接受。

面对恶意的诽谤，我们要敢于斗争，更要善于斗争。过去，毛泽东曾形象地说，好的宣传"一支笔顶三千毛瑟枪"，在当今世界让我们的善行义举传播出去，让世界上更多的人听到中国的声音，感受中国人民的友情和善意，对于打破国际反华势力的抹黑和诋毁，对于廓清一切别有用心的人与对华持有偏见媒体的虚假宣传和歪曲性报道，对于展示阔步走在全面深化改革道路上的中国人民昂扬向上的精神状态和睦仁亲邻的和善民族性格，都具有十分重要的现实意义和深远的历史意义。

中国有句俗话：亲望亲好，邻望邻好！大家好，才是真的好！我们有理由相信，这个世界绝大多数人民是善良的、爱好和平的；愿世界再多一些包容，祈愿从善如流！

2021年是中国共产党成立100周年。100年来，在中国人民最困难和最需要帮助的时候，特别是在抗日战争中，许多具有国际主义精神的外国友人和对祖国深深眷恋的海外侨胞，同我们并肩作战，在血与火、生与死的考验中结下了深厚友谊，给予我们真诚的帮助和支持，有的甚至献出了宝贵的生命。为此，我们特别组织策划、编写了《铭记》丛书第一辑共3册，其中《中国不会忘记》《祖国不会忘记》分别撷取了12位国际友人和10位（个）海外侨胞人物（群体），以传记形式呈现，通过回顾和挖掘背后鲜为人知、可歌可

世界不会忘记

泣、感人至深的故事，学习他们身上所具备的国际主义精神，重温那一个个波澜壮阔的时刻，再现中国共产党从创建，由少到多、由弱变强的苦难辉煌历程，中国人民和中华民族将永远铭记。《世界不会忘记》以纪实的笔触，对我国 70 多年来不平凡的援外工作进行了全景式回顾，以真真切切的事例，通过实打实的数据，受援国民众生存环境、经济结构、精神面貌发生的变化，回应了西方长期以来对我国援外工作的各种无端质疑、诋毁和抹黑。我们有充分理由并底气十足地告诉这个世界，中华民族的血管中流淌着道德的血液。

当今世界多极化、经济全球化、文化多样化、社会信息化深入发展，中国对世界的依靠、对国际事务的参与在不断加深，世界对中国的依靠、对中国的影响也在不断加深。我们尝试通过讲好"中国故事"向世界传递善意，为全面建成小康社会，实现"两个一百年"奋斗目标和中华民族伟大复兴的中国梦，推进"一带一路"倡议，构建人类命运共同体营造良好的舆论环境做出应有的贡献。

《铭记》丛书编委会
2021 年 7 月

目　录

寰宇同舟：
中国对外援助发展历程述评　　1

一带一路：
大变局时代的"中国方案"　　21

抗击新冠肺炎：
全球战"疫"，有一种温暖叫"中国援助"　　63

坦赞铁路：
独一无二的援外中国样本　　89

中国援外医疗 58 载：
大爱无疆　命运与共　　111

援非抗击埃博拉：
危难时刻，中国和非洲人民在一起　　135

附录
海外看"一带一路"和中国　157
中国援外历程回顾与未来展望　165

后记

寰宇同舟：
中国对外援助发展历程述评

对于无垠的宇宙而言，地球，真的不算一个很大的地方。

而说起生活在这个地球上的人类，虽有多达70亿之众，却都被称为"地球村"人，无论愿意与否，命运终是一个共同体。毛泽东说，"太平世界，环球同此凉热"。既同此凉热，身处八方的"村民"们，同舟共济、相助相扶，也属理所应当。

作为东方文明古国的中国，自古就追求"美美与共、天下大同"。 扶贫济困、崇德向善，历来是中华民族的传统美德。自1949年新中国成立以来，中国就开始了对外援助历程。70多年来，中国坚持把本国人民的利益同世界各国人民的共同利益结合起来，尽己所能进行发展援助，走出了一条有中国特色、让世界瞩目的对外援助之路。

"要切实落实好正确义利观，做好对外援助工作，真正做到弘义融利。" 国家主席习近平的话语暖人心扉，明确阐释了中国坚持对外援助的内在逻辑。

党的十八大以来，以习近平同志为核心的党中央，把握时代潮流，提出坚持正确义利观，构建人类命运共同体等重大外交思想理念，中国启动一系列对外援助行动，赢得了国际社会尤其是发展中国家的广泛赞誉，开创了中国对外援助工作的新局面。

大国担当尽显筑基互利

中国的对外援助，从新中国成立的那一刻起就已启动。

彼时的中国，百废待兴。但经历过贫穷和苦难的中国人，对其他发展中国家的所需、所急感同身受。

1950年，中国即开始对外提供经济技术援助，援助对象首先是朝鲜、越南等社会主义国家。

随着对外关系的发展，1955年万隆亚非会议后，中国的援助对象已迅速扩展至朝鲜、柬埔寨、尼泊尔、缅甸、马里、乌干达、刚果、喀麦隆、伊拉克、叙利亚、埃及、阿富汗等20多个亚非国家。

对外援助是中国对外交往的重要组成部分，它在中国对外战略中发挥了极其重要的作用。

早期的援外方针是"积极承担和量力而行相结合"。这一时期中国的对外援助，发展巩固了与广大发展中国家的友好关系，推动了南南合作，为人类社会共同发展做出了积极贡献。

改革开放前的28年，即1950年至1978年，中国对外援助主要是向受援国提供贷款或无偿援助。

这段历史时期，中国对外援助的数额非常之大，与当时国家还很弱的经济实力形成鲜明对比。1960年7月1日，时任外贸部副部长李强向全国外事会议提交的报告称，从1950年起至1960年6月底，中国同多个兄弟国家和亚非民族主义国家达成协议，由中国提供无偿援助和贷款总额达40.28亿元，这个数字接近1953年到1957年"一五"计划期间国家基建投资计划427.4亿元的1/10。1967年中国对外经济援助占国家财政支出的4.5%，1972年达51

亿元，占财政支出的 6.7%，1973 年更是上升至 7.2%，超出世界上最发达、最富裕的国家对外经济援助的比例。

1963 年 12 月至 1964 年 2 月，周恩来总理在访问非洲十国期间，宣布了中国对外经济技术援助的"八项原则"，其核心是平等互利、不附带条件，受到发展中国家普遍欢迎，并成为中国开展对外援助的基本指导纲领。

"八项原则"的影响是巨大的。中国曾帮助毛里塔尼亚修建了公路、煤厂、港口、火电站、供水工程等项目。在此过程中，达达赫总统深深感到中国的援助是无私的、无条件的。

达达赫总统拿着"八项原则"，到非洲尚未同中国建交的国家，一个一个地亲自做工作，或是派他的特使做工作，先后促成 9 个国家和中国建立外交关系。

这一时期，中国所提供的贷款一般都是无息贷款，对外援助的方式一般为成套项目援助、技术援助、物资援助及现汇援助等。1976 年以前，中国曾向朝鲜、越南、阿尔巴尼亚等 110 多个国家和地区提供过经济援助。

对来自中国的援助，坦桑尼亚第一任总统尼雷尔评价：**"无论是中国给予我国的巨大经济和技术援助，还是我们在国际会议的交往中，中国从来没有左右我们的政策或损害我们国家主权和尊严的企图。"**

柬埔寨前副首相兼财政部部长吉春说：**"作为一名与中国合作的柬埔寨公民，我深切体会到，中国所提供的任何援助都是无条件、无政治压力的。"**

1971 年，联合国第 26 届大会以压倒性多数票，通过了由 23 个国家提出的要求恢复中华人民共和国在联合国一切合法权利的提案。23 个提案国全都是第三世界国家。在投赞成票的 76 个国家中，有 58 个是第三世界国家。

歌曲《阿刁》

事实证明，中国的援外政策赢得了广大第三世界国家的信任和敬重。正如毛泽东所说，是第三世界国家"把我们抬进了联合国"。

世界不会忘记

在中国的对外援助中，对越南的援助时间最长、数量最大。1971年中国与越南签订的无偿援助协议共7笔，援助数额达36.1亿元。1972年中越签订中国向越南提供经济、军事物资援助的协定，确定中国无偿援助越南27.98亿元。1973年中越签署7笔包括一般物资、军事装备、成套项目和现汇在内的无偿援助协定，折合人民币25.39亿元。截至1978年，中国援越物资的总值超过200亿美元，兑换成黄金现在价值约5万亿元。

中国对非洲的经济援助，是从1956年援助埃及开始的。1970年至1976年，中国对非洲的援助金额高达18.15亿美元。20世纪70年代后，又同31个国家签订了经济技术合作协定。

改革开放前这段时期的援外历程，中国克服自身困难，为支持其他发展中国家争取民族独立和发展民族经济，提供了最大限度的支持，奠定了新中国与广大发展中国家长期友好合作的坚实基础。

中国的对外援助是发展中国家间的相互帮助，坚持不附加任何政治条件，始终尊重受援国的自主意愿和实际需求，坚持平等协商，不搞模式输出，致力于促进当地经济社会发展。这是中国与西方发达国家对发展中国家援助的根本区别。

1963年，刚刚独立的阿尔及利亚瘟疫横行、缺医少药，向国际社会发出紧急救援的呼吁。当年4月6日，根据中央指示，以湖北省为主，组建了24人的医疗小分队前往阿尔及利亚，揭开了中国医疗援外的序幕。

几十年来，援外医疗队员用精湛的医术、周到的服务，治愈了成千上万病人，得到受援国的交口称赞，其中600多名队员获得所在国总统授勋的荣誉。在非洲一些偏远地区，人们虽对遥远的东方很陌生，但提起中国的医生都伸出大拇指；一些孩子甚至被父母起名为"中国娃"，他们用这种特别的方式来纪念、感谢中国的援助。

据统计，截至目前，中国共向71个国家派遣了援外医疗队，累计派出援外医务人员约 2.6 万人次，诊治受援国民众约 2.8 亿人次。

从派遣援外医疗队，到援建学校、体育场等基础设施，再到解决当地吃饭、饮水等问题，中国的行动实实在在改善了受援国民生。

长久以来，西亚、非洲不少国家干旱缺水，人们不得不赶着骆驼、毛驴到很远的地方取水。面对当地百姓的渴望，自 1964 年起，中国就派遣水文地质人员，帮助一些亚非友好国家开辟水源，改善供水条件，一次次地帮助他们打井、实施供水项目。在尼日尔的津德尔省，中国援建的供水工程解决了该省长达 30 年的缺水问题，24 米高的水塔被当地人亲切地称为"中国水塔"。

这一时期中国对外援助项目主要分布在农业、工业、经济基础设施、公共设施、教育、医疗卫生等领域，重点帮助受援国提高工农业生产能力，并通过技术的传授和转让，增强经济和社会发展基础，改善基础教育和医疗状况。

20 世纪 60 年代，非洲许多新独立国家亟须发展农业生产，其中，地处撒哈拉沙漠边缘的马里气候干旱炎热，食糖长期依靠进口。1961 年，中国派出 7 名农业专家奔赴马里，在两年多的时间里成功试种茶树和甘蔗，试制出茶叶和蔗糖。消息很快传遍非洲大陆，马里周边一些国家的领导人纷纷前往参观。

从那时起，许多非洲国家开始向中国提出派遣农技组的请求。到 70 年代末，中国向大多数非洲国家都提供了农业援助，除农业技术试验站、推广站外，还援建了一批规模较大的农场。

20 世纪 60 年代，坦桑尼亚、赞比亚获得独立。但两国经济发展面临一个共同难题——外国封锁，他们急需一条铁路发展铜矿贸易。两国先向世行和西方国家提出援建坦赞铁路的请求，但均遭拒绝。

1965 年，坦桑尼亚总统尼雷尔访华，正式提出希望中国援建坦赞铁路。刘少奇同志根据毛泽东、周恩来等人的意见，回答说："帝国主义不干的事，我们干，我们帮你们修。"1967 年赞比亚总统卡翁达访华，也表达了同样的意向。

1967 年，中、坦、赞三国政府代表团在北京举行会谈并正式签署协定，

世界不会忘记

确定中国为援建坦赞铁路提供不附带任何条件的无息贷款。

坦赞铁路全长1860.5公里，历时8年才修好，是当时中国最大的援外项目。为修建这条铁路，中国政府在国内经济极端困难的情况下，先后向坦赞两国提供了9.88亿的长期无息贷款，派出5.6万多人次的技术人员和施工人员，69名中国工程人员献出生命。

坦赞铁路建成后，尼雷尔高度评价说，中国援建坦赞铁路，是"对非洲人民的伟大贡献"；卡翁达称赞："患难知真友，当我们面临最困难的时刻，是中国援助了我们。"多年以后，每当卡翁达会见来自中国的友人时，都要谈起当年的往事，都会赞叹不已。

有太多的故事让人动容、让人追忆。中国的对外援助，不仅为受援国的建设带来了技术，还带来了不同文明的碰撞与交融，铺设了一座座友谊之桥。

位于阿拉伯半岛最南端的也门，在新中国成立后不久就向中国打开了友谊之门。当时，整个也门共和国没有一条公路。中也建交后，中国驻埃及大使兼驻也门公使陈家康，是骑着毛驴从港口城市荷台达到首都萨那递交的国书。

1957年12月，也门王国副首相巴德尔王太子来华访问。双方会谈中，巴德尔王太子请求中国政府帮他们修公路。毛泽东主席当即决定，帮助也门修筑这条从萨那到荷台达的公路。那时的条件非常艰难，这条公路帮助也门共和革命取得成功，经济社会得到发展，因此也门人民把它称为革命之路、友谊之路。

在异国他乡，中国的援外工作者与当地民众手牵手、心相通，成了"友谊的使者"，不同文化、肤色、种族的人在长期合作中相处融洽。在许多受援国，随处可见以友谊命名的建筑物、公路，还有以中国人命名的街道，它们是友谊的结晶，凝聚着大爱无疆的人间真情。

在南南合作中助推进步发展

1978年，党的十一届三中全会召开，中国从此步入改革开放新时期。

这一历史时期，缘于中国国内政治形势变化和美苏争霸的逐步缓和，中国对国家利益的认识和对国际战略形势的判断发生重大调整，党和国家的工作重心开始转移到经济建设和实现四个现代化上来，举国上下一心一意谋发展。

在此背景下，南南合作的战略基础逐步由反帝反殖反霸斗争中的相互支持，转向了对和平与发展的共同追求。而中国与发展中国家团结合作，也由着眼国际政治斗争转向了切实的经济发展和民生诉求。

在国际国内形势发生明显变化的背景下，改革开放后，中国的外交政策做出了很大调整。对外援助的方式、主体也发生了相应的变化，改变了过去那种片面单一的方式，适度调整了对外援助的规模、布局、结构和领域；同其他发展中国家的经济合作由过去单纯提供援助发展为多种形式的互利合作。对外援助走上了更加适合中国国情和受援国实际需求的发展道路。

1983年1月，中国宣布了同非洲国家开展经济技术合作的"四项原则"即**"平等互利、讲求实效、形式多样、共同发展"**。

"四项原则"是指导新时期中非经贸合作特别是对非援助工作的基本原则，它继承了"八项原则"尊重主权、不干涉内政、平等互利、促进受援国自力更生等基本精神，但又有许多因应时代主题变迁的新变化、新发展。

新的援外工作指导方针和原则的确定，标志着中国的援外工作发生了历史性调整，为中国援外政策带来了两大变革，其影响是重大而深远的。第一个变革是中国开始重新接受国际援助。第二个变革是中国对外经济合作改变了以对外援助为主、方式单一的状况，开始积极拓展承包工程、劳务合作、投资等多形式、多渠道的互利合作。

时间进入20世纪90年代。1992年邓小平南方谈话后，中国市场经济体制改革显著提速，对外开放进入新阶段。很多发展中国家在冷战结束后加快了政治多元化和经济自由化进程，希望吸引更多外来投资推动经济发展。

在这一形势下，中国对外援助方式开始出现新一轮更大调整，以更好地配合国内市场化改革和对外开放的需要，在切实帮助受援国减贫和发展的同时，以更大力度支持中国企业"走出去"。

1995年是中国对外援助框架全面改革的转折点，其目标是根据时任外经贸部部长吴仪提出的"经贸大战略"，把对外贸易、资本流动和国际经济合作结合起来，运用国内外资金、资源和市场来促进中国的经济发展。

为了实现这一目的，中国需要追求对外援助形式的多样化，同时兼顾受援国和中国双方的利益。此后，金融机构提供的优惠贷款成为中国对外援助的主要形式，合资合作项目开始受到更大的重视和鼓励。数据显示，自1995年开始对外提供优惠贷款，截至2008年年底，中国先后向74个国家提供了优惠贷款，支持各类项目252个。

由传统双边渠道走向支持多边机构，将对外援助纳入区域合作。以中非合作论坛为先导，中国还通过中国—东盟领导人会议、上海合作组织、中国—葡语国家经贸合作论坛、中国—加勒比经贸合作论坛、中国—太平洋岛国经济发展合作论坛、中国—中东欧国家合作等区域合作机制，就中国参与区域发展合作进行深入探讨，多次提出区域援助的"一揽子"整体措施和目标并积极付诸实施。同时，中国通过自愿捐款、股权融资等方式，支持并参与多边机构发展援助行动。

此外，中国援外多边合作政策也发生了转变。从1981年开始，中国与联合国开发计划署合作，在华实施发展中国家间技术合作（TCDC）项目。中国还尝试将本国援助同国际金融组织或第三国援助相结合，开辟国际三方合作途径。

经过调整巩固，中国对外援助走上了更加适合中国国情和受援国实际需求的发展道路。在提供对外援助时，充分尊重受援国意见，结合其发展需求，通过援建项目、提供物资、开展技术合作和人才培训等形式实施援助。

据商务部统计,到2010年,中国已援建了220多个农业领域项目、近700个工业领域生产型项目、1000多个经济基础设施和社会公共设施项目,帮助受援国改善了生产生活环境,繁荣了城乡经济,为受援国自主发展创造了更好的条件。

缅甸农机制造厂位于曼德勒市40公里外的塞镇茵巩村,这是中国援建的一项跨世纪工程,1999年立项,2003年竣工移交。

缅甸原农业机械制造总局局长吴温茂说,该国农业市场对农用机械的年需求量是1.5万到2万台,这家企业生产的农机能满足40%的市场需求。"缅甸农机厂生产的农机质量过硬,达到了国际先进标准。"

然而,在农机厂投产前,缅甸全国仅有农机6万台左右,农机耕作面积仅占耕地总面积的23%,其余77%仍靠牲畜和人力耕作。农机厂的建造,对缅甸提高农业机械化水平、提高农业生产效率贡献甚巨。

中国还向遭受自然灾害和人道主义灾难的国家提供及时有效的紧急人道主义援助。

2004年12月,印度洋海啸发生当天,中国领导人分别致电印尼、斯里兰卡等受灾国家元首,表示诚挚慰问,对遇难者表示沉痛哀悼。与此同时,中国民间救援行动汇成爱的暖流。无论是白发苍苍的老人,还是学龄前的孩子,都踊跃向海啸灾区捐款。

据统计,中国政府通过多、双边途径向海啸受灾国提供了6.87亿元的救灾援助,并组织国际救援队赶赴海啸灾区。此外,中国红十字会还募集民间捐助共计4.43亿元向受灾国提供救灾款物,并为印尼、斯里兰卡、马尔代夫、泰国和缅甸共建造9个用于安置灾民的友谊村。

近年来,中国政府累计实施对外紧急救援行动200多次。根据受灾国要求或国际社会呼吁,中国及时提供紧急救灾物资和现汇资金援助,派遣救援

世界不会忘记

队和医疗队，展开灾后重建，有效帮助受援国减轻了灾害，获得受援国政府及人民的欢迎和国际社会的盛赞。

进入新世纪，全球发展问题更加突出，联合国提出了"千年发展目标"，中国在力所能及的范围内进一步加大援外力度，并更加关注受援国扶贫、民生和发展能力建设，不断扩大援外技术培训规模，受援国官员来华培训逐渐成为援外人力资源开发合作的重要内容。

2010年8月13日至14日，中国政府召开全国援外工作会议，全面总结援外工作经验，明确了进一步加强和改进对外援助工作的重点任务。中国的对外援助进入新的发展阶段。

《中国的对外援助（2011）》白皮书显示，截至2009年年底，中国累计对外提供援助金额达2562.9亿元，其中无偿援助1062亿元，无息贷款765.4亿元，优惠贷款735.5亿元。截至2009年年底，中国累计向161个国家以及30多个国际和区域组织提供了援助，经常性接受中国援助的发展中国家有123个。亚洲和非洲作为贫困人口最多的两个地区，接受了中国80%左右的援助。

有关专家指出，从国际视角看，进入21世纪以来，中国对外援助额呈现前所未有的高增长态势，占全球比重不断提高，与美、日等国的相对差距不断缩小，中国已经成为世界第四大对外援助国。这意味着，中国的国际软实力在明显提高。

从改革援外政策到改革援外方式，从将对外援助融入国家开放发展战略到加强援外顶层设计，改革开放后的中国，逐步探索出一条有中国特色的援外道路。

在推进构建人类命运共同体进程中赋予新使命

2012年11月8日，党的十八大在北京召开。

在以习近平同志为核心的党中央领导下，中华民族进入伟大复兴关键阶段的历史时期，中国勇担大国责任，深入思考"建设一个什么样的世界、如何建设这个世界"等重大课题，提供中国方案，贡献中国力量，积极推动构建人类命运共同体。

2013年3月23日，在莫斯科国际关系学院演讲时，习近平指出，当今世界，和平、发展、合作、共赢成为时代潮流，各国相互联系、相互依存的程度空前加深，越来越成为你中有我、我中有你的命运共同体，维护世界和平、促进共同发展任重道远。

在这篇题为《顺应时代前进潮流　促进世界和平发展》的演讲中，习近平讲述了影响深远的两个重要概念———"命运共同体"和"新型国际关系"。

这场演讲，被称为突破了双边关系的范畴，"向世界讲述了对人类文明走向的中国判断"。

党的十八大以来，中国外交的视野更加开阔，愿景更加宏大，既要奋力实现中华民族伟大复兴，完成近代以来中国人的民族夙愿，又要携手世界推动构建人类命运共同体，充分展现当代中国的世界胸怀和全球担当。

新的历史使命赋予中国外交以新的历史任务，既需要主动塑造和维护中国发展的战略机遇期，为中华民族伟大复兴提供更加有力的保障和更加有利的外部环境，也需要助推中国更加深入参与全球事务并发挥负责任的大国作用，为建设更加美好的世界贡献更多中国价值、中国方案和中国力量。

中国对外援助，有了新的国家使命和世界追求。

着眼复兴伟业，中国对外援助需要配合外交大局，推进与发展中国家的战略互信与互利合作，为国家发展营造更加有利的外部环境。

对外援助在本质上是一种国际发展合作，不仅能够通过物质和技术援助促进受援国的减贫与发展，也能通过企业、商品、技术、标准的"走出去"，推动双边经贸合作的深入发展。

世界不会忘记

中国曾把对外援助视为"大经贸"战略的一部分,十八大之后的8年多来,中国更是把对外援助纳入"一带一路"合作的大范畴予以审视,把围绕"一带一路"倡议为核心的全球公共产品的生产和供给作为对外援助的主要任务。围绕"一带一路"倡议,重点实施了一批重大战略项目,推进与周边国家的互联互通。

"一带一路"倡议的实施和推进,为我国对外援助与开发合作实现相辅相成、协同发力提供了难得的历史机遇。

以"一带一路"倡议的提出为标志,中国正从一个更多关注国内发展的发展中国家向内外兼顾的新兴强国转变。反映到对外援助上,中国也正从一个受援国和援助国的双重角色向援助国的单一角色转变。随着"一带一路"建设,周边受援国呼应中方倡议提出了一系列的援助要求。

2014年11月,国家商务部以部令形式发布《对外援助管理办法》,这是中国在对外援助管理方面颁布的第一个综合性的部门规章。此后,"一带一路"沿线和周边国家在对外援助中成为重头戏。

根据国家方略需要和受援国需要,中国加大对"一带一路"沿线和周边重点受援国的援助力度,新增援助资金主要向"一带一路"沿线国家和周边国家倾斜。

在2017年5月北京举行的"一带一路"国际合作高峰论坛上,习近平主席宣布多项举措:未来3年,中国将向参与"一带一路"建设的发展中国家和国际组织提供600亿元人民币援助,向南南合作援助基金增资10亿美元,向有关国际组织提供10亿美元等。

作为"一带一路"沿线的重要项目之一,中缅油气管道项目从建设期到投产运行期,一直以来都在关注管道沿线地区的民生问题。在积极履行企业社会责任的同时,也为中缅两国架起了一座"一带一路"的爱心之桥。中缅油气管道项目于2010年开工建设,截至2019年3月底,累计实施社会援助项目242项，涵盖教育、医疗、供水、供电、道路、通信等方面，此外还有一些针对自然灾害类的捐赠。

着眼推进构建人类命运共同体，中国对外援助需要更加彰显大国责任，在推动全球发展和治理进程中不断彰显中国的道义和精神。

党的十八大以来，中国根据受援国具体情况和实际需要，统筹利用各类援助资金和手段，援建农业、工业、交通运输、能源电力、信息通信等领域重大基础设施项目300余个，帮助受援国满足基础设施建设需求，破除发展瓶颈。全力推进实施中巴（巴基斯坦）跨境光缆、中马（马尔代夫）友谊大桥、白俄罗斯及柬埔寨经贸合作区配套工程、柬埔寨体育场、非洲疾控中心等领导人关注的重大工程项目。实施规划咨询类项目，如中缅经济走廊规划、巴基斯坦瓜达尔市整体规划以及中尼（泊尔）、中越（南）铁路、两洋铁路等重大项目规划，与广大发展中国家分享中国发展经验、共谋发展大计。

中马友谊大桥，是指马累—机场岛跨海大桥。大桥全长2000米，连通马尔代夫首都马累和机场岛，设计使用寿命100年。大桥2018年8月30日建成通车后，环马累生活和居住圈形成，极大疏解了马累岛居住压力，游客则能通过陆路实现马累与机场岛之间的快速往返。

在这座大桥修建之前的多年中，马尔代夫人有着自己的烦恼。长期以来，马尔代夫没有桥，绝大部分马尔代夫人没有见到过桥。连接各个岛屿的主要途径是摆渡，这严重制约了马尔代夫的发展空间。正因为如此，马尔代夫人民才把修建中马友谊大桥看得很重。

2014年9月，习近平主席对马尔代夫进行国事访问。两国元首会谈期间，对马累—机场岛跨海大桥合作项目，亚明总统格外重视，他主动提议将这座桥命名为"中马友谊大桥"，习近平主席欣然应允。也是在那次访问期间，亚明总统反复表示，习近平主席提出建设21世纪海上丝绸之路的倡议富有远见，马方完全支持并愿抓住机遇，积极参与。

世界不会忘记

2015年12月30日，中国援马尔代夫中马友谊大桥举行开工仪式。马尔代夫总统亚明在大桥开工仪式上说："得知中国同意承建大桥项目是我最幸福的时刻。建成这座大桥是马尔代夫人民世代夙愿，也是整个国家未来发展的基石。"

推动构建人类命运共同体是一个美好愿景，新形势下，最切实、最迫切的方面，是把南南互利合作打造成人类命运共同体的基础和典范。

过去几年来，中国不仅参与了像中马友谊大桥、肯尼亚蒙内铁路、尼日利亚阿卡铁路等一批重大经济基础设施建设，成为助推发展中国家经济发展和地区互联互通的重要引擎，同时以更大力度参与发展中国家的安全治理、气候治理和公共卫生治理进程，成为推进全球治理进程的重要因素。

2020年5月18日，第73届世界卫生大会在全球抗疫背景下召开，中国国家主席习近平在视频会议开幕式上致辞，呼吁打造"人类卫生健康共同体"，承诺在两年内提供20亿美元国际援助，用于支持受疫情影响的国家特别是发展中国家抗疫斗争以及经济社会恢复发展，同时与二十国集团成员一道落实"暂缓最贫困国家债务偿付倡议"。

为完成对外援助的新使命新追求，中国显著加强了援外体制机制和能力建设。2018年中国国际发展合作署正式成立，其职能主要聚焦于三大领域，即对外援助的政策规划、援外工作的统筹协调，以及援外项目的评估和监督。

以"国际发展合作署"而非"对外援助署"命名，本身就非常清晰地表达了两个信息：一是对受援国的尊重，因为"发展合作"远比"对外援助"更能体现双方的对等性，体现出中国对受援国平等地位和国家尊严的应有尊重；二是对受援国经济社会发展的强调和重视，中国对外援助着眼于通过援助撬动受援国经济和社会的发展，从根本上增强受援国的自主发展能力特别是内生发展动力，做到授人以鱼更要授人以渔。

东盟、非洲、拉美等经济欠发达地区，一直是中国对外援助的重点。近年来，中国显著加强对这些地区的整体外交，把对外援助逐步纳入中国—东盟合作机制、中非合作论坛、中拉合作论坛框架下予以统筹规划，特别是中非合作论坛每3年推出一揽子合作倡议和计划，显著推动了中非互利合作水平的全面跃升。

己欲立而立人，己欲达而达人。

4月20日，在博鳌亚洲论坛2021年年会开幕式上，中国国家主席习近平发表视频主旨演讲，倡议所有感兴趣的国家都加入进来，共同参与、共同合作、共同受益，高质量共建"一带一路"，朝着构建人类命运共同体方向不断迈进。

守望相助，让各国人民都过上好日子，是中国作为发展中大国的胸怀与担当，是中国人民的美好愿望，更是中国特色对外援助不断实践和奋斗的目标。

新时代中国的对外援助，正在努力构建对外援助治理体系、实施"精准援外"、擦亮国际援助的"金字招牌"，为构建人类命运共同体、推动全球治理贡献中国力量。

摘掉有色眼镜方能看懂中国对外援助

71年来，中国向世界上有需要的国家提供力所能及的帮助，并得到受援国政府、民众以及国际社会的广泛赞誉。

但与此同时，一些西方政客和媒体恶意歪曲中国的善意善举，有的是出于傲慢与偏见，有的纯属诋毁污蔑。这里，不妨把这些谬论拿到桌面上解剖一番，看看都是什么货色。

其一：污蔑中国的对外援助是"寻求领导权""操纵他国民意""搞慷慨政治"，还煽动他国警惕中国"另有所图"

以2020年年初突如其来的新冠疫情为例。疫情发生后，中国在做好国内抗疫的基础上，力所能及地帮助国际社会抗疫行动。可一些别有用心的国家，

世界不会忘记

无所不用其极地对中国的援助抗疫行动进行污名化，将疫情政治化。这些，**无不折射出西方一些人固执地以意识形态偏见看问题，孤立地以地缘政治视角解读中国，看待世界极其狭隘自私。**

按照他们的逻辑，无论中国是对外援助物资、疫苗，还是分享病毒信息及防控经验，背后一定隐藏着地缘政治考量，以及宣传自身制度优越性的目的。简而言之，中国做什么不重要，只要是中国做的，那一定是"别有用心"。正是因为他们始终不愿摘掉有色眼镜，中国的行动与动机总是无法被客观审视。

应该如何看待中国的对外援助，如何看待中国的抗疫举措呢？在笔者看来，至少可以从3个维度进行观察。首先，中华民族是一个懂得感恩的民族。在中国应对疫情的"上半场"，国际社会的鼎力相助，帮助中国度过了最困难时刻。而当世界抗疫进入"下半场"后，中国投桃报李，以力所能及的援助回报各国。这一切，正常人都是完全可以理解，也是应该予以支持的。

其次，中国是一个负责任、有担当的国际社会成员。早在2020年1月3日，中国便正式向世卫组织以及世界各国主动通报信息，并第一时间公布病毒全基因组序列。在防控形势持续向好之际，中国作为全球供应链产业链的重要环节，积极复工复产、扩大产能，加班加点、夜以继日地生产国际社会急需的医疗防护物资，为遏制疫情在全世界蔓延尽一份力。

最后，中国始终秉持人类命运共同体理念。中国坚信，面对新冠病毒这一全人类的敌人，任何国家都不能独善其身，帮助别人就是帮助自己。中国在尽己所能帮助别国的同时，也呼吁国际社会开展合作，携手抗疫。在2020年3月26日召开的二十国集团领导人应对新冠肺炎特别峰会上，中国领导人提出4点倡议，得到国际社会广泛认同。

以巨大努力和牺牲取得抗疫阶段性重要成果，并最终有效控制住疫情的中国，无意于算计对外援助的政治得失，更无意于成为"救星"或"抗疫的全球领导者"。当前，疫情防控已经持续一年半时间，可在一些国家不但没能得到控制，却呈现持续爆发式增长的极端恶劣态势。如何有效巩固本国的防控成果，在继续做好本国疫情防控的基础上，与各国一道尽早战胜疫情、尽快恢复经济增长，才是中国更在意的。

相比之下，西方一些人的言论显得多么苍白。事实已证明，将疫情政治化无助于本国抗疫，也无助于病毒的科学溯源，却更有害于相关国家抗疫行动。自2019年12月开始至2021年6月，新冠病毒已经造成全球1.64亿多人感染，340多万人死亡；全球193个国家、31个地区没有一个国家和地区幸免于难。在如此形势下，**放下成见、摘掉有色眼镜，以公正客观的视角看待中国，与中国一道为全球公共卫生事业做出贡献才是正道。**

其二：攻击中国对外援助是"为自己谋取战略优势"

两年前，美国哈佛大学学者曾发布了一份报告，称中国通过向亚太地区的16个发展中国家提供贷款，为自己谋取战略优势。毫无疑问，这是一部分人在用他们熟悉的思维方式，揣测中国政府开展对外援助和对外合作时的考虑和立场。以小人之心度君子之腹。这类莫名其妙的非议折射出的正是一种自己干不了还不许别人干的狭隘心态。所幸，国际舆论中不乏理性声音。

中国作为全球第二大经济体，第一大发展中国家，在致力于自身发展的同时，始终坚持向经济困难的其他发展中国家提供力所能及的援助。数据显示，中国迄今已向166个国家和国际组织提供了4000多亿元的发展援助，为发展中国家培训各类人员1200多万人次，派遣60多万援助人员，其中700多人为他国发展献出了宝贵生命。2008年以来，中国连续多年成为最不发达国家第一大出口市场，吸收最不发达国家约23%的产品出口。

随着中国实力的增强，中国的对外合作，包括经济、金融领域的合作，引发国际社会广泛关注。

美国《外交官》杂志网站前不久发文称，中国对非洲的医疗支持可以追溯到1963年，当时阿尔及利亚刚刚获得独立，中国的医疗队就赶到了那里。

在最近10年，中国对非医疗援助的力度一直在加强。

中国在拉美的活动也成为美媒关注重点。据美国《纽约时报》报道，拉丁美洲目前是中国投资的第二大目的地，仅次于亚洲。文章指出，中国的软实力也许在阿根廷南部的圣克鲁斯省最清晰可见。这片未开发的地带有冰川湖，中国企业正在这里合作修建两座水电站。水电站建成后，所发的电将满足阿根廷5%的能源需求，并为当地提供大约5000个就业岗位。

与美国的援助不同，中国公开表示，提供援助时不会干涉别国内政。美国《外交官》杂志网站文章同时指出，**中国在非洲进行大规模的医疗援助，是中国在非洲受欢迎的原因之一。**

美国《纽约时报》在报道中国与阿根廷的合作项目时也指出，与世界银行和泛美开发银行不同的是，中国并没有在这些贷款上附加短期条件，也不推动紧缩措施。

美国《福布斯》杂志也曾刊文指出，与欧美国家对外援助不同的是，中国对外援助中看重的是相关项目要使双方受益。外界常渲染个别国家可能对中国在发起援助投资后"控制"其自然资源有所怨言。但在2000年以来接受中国援助的140多个国家中，人们并未听说大多数国家抱怨。例如，中国对柬埔寨的援助不仅促进双边贸易的增长，还使更多企业参与其中。中国需要外国市场以实现增长，而柬企业能借助外国投资迅速壮大。

需要指出的是，中国不仅积极践行对外援助，帮助受援国实现发展目标；也在根据受援国的不同实际需求优化援助方式，构建互利共赢的国际关系。当前，中国发展进入新时期，"一带一路"倡议等全球化公共产品的外部运作，赋予了中国外交、国际合作与对外援助新的使命。

2018年4月18日，国家国际发展合作署正式成立。此举引发广泛关注。外媒纷纷指出，中国国家国际发展合作署的成立，标志着中国发展新阶段背景下，将对外援助提升至更高层级的外交布局，是展现新时期中国大国责任和担当的一张名片。

理性的西方媒体说得很清楚，中国进行对外援助，是在积极承担相应的国际义务，彰显了负责任大国的形象。

其三：要求中国对外援助遵守他们主导制定的规则和标准，即对外援助要附加民主、自由和人权条件

中国作为世界上最大的发展中国家，正以快速增长的经济、持续上升的国力，成为国际对外援助的一个重要参与者。

代表工业化国家的经济合作与发展组织，曾在韩国釜山举办援助成效高层论坛，其间要求中国签署一份约束性的全球发展伙伴关系协议，也就是中国的对外援助要遵守他们主导制定的规则和标准——对外援助附加民主、自由和人权条件。

中国对外援助的一贯原则是"无条件援助"。实力增长的中国在力所能及的范围内，不断加大对其他发展中国家特别是最不发达国家的援助力度，使后者能够分享中国持续快速发展带来的好处，在一定程度上帮助后者实现经济社会的进步。中国不会把自己的、更不会把别人的价值观念、社会制度、政治体制、意识形态等强加于人，当然也没有任何义务和责任接受西方以其价值理念制定的对外援助规则和标准。

中国认为，生存权和发展权是最基本的人权，也是最优先的人权。对于发展中国家和最不发达国家来说，更是如此。

中国的对外援助，是基于与受援国拥有共同的历史遭遇，大家都受过帝国主义和殖民主义的残酷侵略、疯狂掠夺，迫切需要生存和发展。

然而，西方一些国家奉行的对外援助原则是，援助重点放在受援国的"政治发展"，推动受援国施行所谓的"良治"，促进实现西方式的民主和自由。

更令人担忧的是，这些国家的许多对外援助仍然带有为西方资本开拓市场的目的。这样的援助经常引起受援国政府和人民的反感。

世界不会忘记

西方一些国家要求中国的对外援助要遵守其制定的规则，主要是出于其控制力会被削弱的私心，也借机破坏中国与受援国的友好关系，打压中国，遏制中国的发展。对于这样的无理要求，中国不会答应。

音乐欣赏

《心跳》

一带一路：
大变局时代的"中国方案"

"我多次说过，'一带一路'是大家携手前进的阳光大道，不是某一方的私家小路。所有感兴趣的国家都可以加入进来，共同参与、共同合作、共同受益。"

2021年4月20日，在博鳌亚洲论坛2021年年会开幕式上，中国国家主席习近平发表视频主旨演讲，倡议亚洲和世界各国回应时代呼唤，携手共克疫情，加强全球治理，高质量共建"一带一路"，朝着构建人类命运共同体方向不断迈进。

新冠肺炎疫情的全球大流行使世界大变局加速演化，国际格局发生深刻调整，世界进入动荡变革期，全球治理面临新的课题与挑战。重重考验之下，走过数载岁月的"一带一路"，展现出强大韧性与活力，成为驱散全球疫情阴霾的一缕春风。

源于中国，属于世界。"一带一路"共建倡议发出以为，朋友圈不断扩大。截至2021年1月30日，中国已同171个国家和国际组织签署了205份共建合作协议，共同展开了2000多个项目，对沿线国家直接投资超过了1100亿美元；2021年上半年，中国与"一带一路"沿线国家货物贸易额5.35万亿元，

世界不会忘记

同比增长27.5%。而共建"一带一路"倡议及其核心理念被纳入联合国、二十国集团、亚太经合组织、上合组织等重要国际机制成果文件,"一带一路"进入国际话语体系,成为世界级的关键词。"一带一路"建设为世界经济增长开辟了新空间,为国际贸易和投资搭建了新平台,为完善全球经济治理拓展了新实践,为增进各国民生福祉作出了新贡献,成为共同的机遇之路、繁荣之路。

透过历史烟云,洞察世界大势。"一带一路"倡议让"逆全球化暗流涌动,国际形势动荡多变"的迷茫世界,看到了新的光亮,也正以其推动共同发展的实际效果,赢得越来越多国家的支持。

把中国发展同沿线国家发展结合起来,把中国梦同沿线各国人民的梦想结合起来。"一带一路"这个根植于历史厚土,被誉为21世纪伟大新故事的时代倡议,迎风生长,生机勃勃。

一、"一带一路"应时而生

风云激荡的历史大潮中,总有一种力量穿云破雾、浩荡前行。

面对世界格局的深刻变化,"一带一路"这项跨时空、跨世纪、跨洲际的重大倡议,是推动全球实现合作共赢和共同发展的新思路、新途径、新平台,是改善全球治理体系,构建人类命运共同体的中国方案和中国智慧。

这个恢弘的构想从历史深处走来,汲取着历史的智慧与启示。

2013年9月7日,到访哈萨克斯坦的中国国家主席习近平来到哈国内最高学府纳扎尔巴耶夫大学,做了一场具有深远意义的重要演讲,第一次提出"共同建设丝绸之路经济带"的重大倡议。

一个月后的2013年10月,习近平主席出访东南亚,在印度尼西亚国会发表重要演讲时提出,东南亚地区自古以来就是海上丝绸之路的重要枢纽,中国愿同东盟国家加强海上合作,共同建设"21世纪海上丝绸之路"。

"丝绸之路经济带"和"21世纪海上丝绸之路",简称"一带一路"。"一带一路"倡议秉持共商、共建、共享理念,构建不设门槛、不搞排他的泛区域经济合作,为各国发展与稳定,提供了耳目一新的"中国方案",一部沿线国家协同联动发展的恢弘史诗由此开启。

放眼历史,最重要的在于着眼现实和未来。

"一带一路"倡议,对历史上古丝绸之路形成的文化价值符号,赋予全新的内涵,激活了人们共同的历史记忆,发掘出古丝路沿线各个国家的发展潜能,它宣示了欧亚大陆曾经的辉煌,也揭示了创造辉煌的规律。

早在2000多年前,亚欧大陆上勤劳勇敢的人民,探索出多条连接亚、欧、非几大文明的贸易和人文交流通路,后人将其统称为"丝绸之路"。

提出"丝绸之路"这个概念的是德国地理学家李希霍芬。

19世纪60年代,李希霍芬到中亚、中国西部一带进行地理考察,持续3年多时间,考察过程中也参考了中国的历史记载。回去以后,李希霍芬在德国出版了他的研究成果,他提出,在公元2世纪,存在着一条从洛阳、长安到中亚撒马尔罕(今为乌兹别克斯坦共和国第二大城市)的商道,这条商道上的主要物流是丝绸,这是一条从中国输出丝绸到中亚、西亚,最终到达欧洲的道路。因为这条路上主要运送的物流是丝绸,影响最大的也是丝绸,所以他命名为"丝绸之路"。

这条丝路由汉武帝时的张骞首次开拓。

公元前138年,汉武帝派遣张骞作为使者出使西域,意图说服大月氏与西汉一起攻打匈奴,结果张骞没有完成这一战略任务,却无意中开辟了通向西域的通道,被司马迁评价为"凿空"之行。

东汉时期(公元73年),班超经过艰苦努力再次打通西域,并将这条线路首次延伸到了欧洲罗马帝国。公元166年,古罗马大秦王安敦派使者来洛阳,朝见汉桓帝,标志着中西方文化交往的开始,东西方两大帝国外交关系正式建立，这条路线首次正式打通并延伸到了欧洲。

陆上丝绸之路被打通的同时，古代海上丝绸之路也几乎在逐渐形成。

2000多年前，中国汉朝派出船队远航南海和印度洋，打开了中国与世界各国海上往来的大门，标志着海上丝绸之路的发端。从此以后，满载着中国的丝绸、瓷器、茶叶等精美物品和与世界文明对话的美好意愿，一路向南、向西，活跃了沿线各国经济，传播了中华文明，同时也带回了沿线各国的香料、药材、玻璃和思想文化等文明成果。

元代时期，杰出的民间航海家汪大渊两次从泉州出海，遍访菲律宾诸岛、文莱、加里曼丹、爪哇及印度洋诸地，归国后写下了他的身历亲见，使当时的中国人得以真实了解各国的山川、土俗、风景和物产。在当时的中国闽南地区，家家户户都有"鸡公碗"，寓意着勤劳致富、家庭兴旺。

通过海上丝绸之路，"鸡公碗"漂洋过海，成为东南亚国家人民喜爱的日常生活用品，也成为中国与沿线各国人民友好往来的历史见证。古代海上丝绸之路把中国和沿线各国紧紧联系在一起，创造了人类交流交往、文明互鉴的不朽传奇。

一座座港口驿站，不绝于途的货物原料，不断传播的思想、文化、宗教和迁徙的民族，构筑起一张沟通西方和东方的复合网络。从陆地和海洋延伸出来的无数贸易路线，在不同的历史时期和地缘空间里，将欧亚非大陆紧紧联系起来，使"和平合作、开放包容、互学互鉴、互利共赢"的丝绸之路精神薪火相传。

当时代前进的步伐进入21世纪，"一带一路"这一顺应地区和全球合作潮流，契合沿线国家和地区发展需要的新的理念和倡议应时而生。打造政治互信、经济融合、文化包容的利益共同体、命运共同体，沿线各国心愿相通，携手前行。

二、"一带一路"步履铿锵

共建"一带一路"重大倡议提出后，逐步从理念转化为行动，从愿景转变为现实。

"一带一路"建设不断向前发展，离不开中国领导人亲自推动。在博鳌亚洲论坛上、日内瓦万国宫内、乌兹别克斯坦最高会议立法院全会厅里、纽约联合国总部讲台上……习近平主席在多个场合介绍"一带一路"倡议的深刻内涵和广阔外延。

伴随地区互联互通持续扩大，中国用实际行动展示开放包容的理念和与各国共同发展的决心。

打造全方位互联互通新格局

为实现"一带一路"倡议所提出的互联互通的愿景，中国与沿线国家在基础设施建设领域展开了广泛的互利合作。

依托自身在基础设施领域强大的建造实力，中国通过与"一带一路"沿线国家互利合作，相继参与铁路、公路、港口、油气管道、电力线路等建设，促进了"一带一路"倡议与沿线国家发展战略的相互衔接。

千百年过去，昔日的古丝绸之路，发生了翻天覆地的变化。在陆上，一辆辆汽车、一列列高铁，代替了驼队，一路翻山越岭；在海上，一艘又一艘巨甲铁轮，代替了木质帆船，满载集装箱，劈波斩浪航行。

这是一条被人们称之为"心血凝成的公路"，始建于20世纪60年代，全长1200公里，是穿越全世界海拔最高山脉的跨境高速公路。当年，为修建这条路，数百名中巴工程人员奉献了生命。如今，在这条公路上，络绎不绝的车辆和物资，由中国新疆喀什出发，驶经红其拉甫国门，翻越喀喇昆仑山，驶向巴基斯坦的塔科特、拉瓦儿品第、伊斯兰堡，直到南部港口城市卡拉奇。

2013年"一带一路"倡议以来，中国已连续8年成为巴基斯坦最大投资来源国。

2013年5月，中国总理李克强访问巴基斯坦时，提出建设"中巴经济走廊"的构想，在中巴之间打造一条包括公路、铁路、油气和光缆通道在内的贸易走廊，通过全方位、多领域的合作，进一步密切和强化中巴全天候战略合作伙伴关系。

中巴经济走廊，起点在喀什，终点在巴基斯坦瓜达尔港，全长3000公里。这条走廊也是喀喇昆仑山高速公路的延伸拓展，是经济合作由陆路运输转向多领域建设的跃升，是中国"一带一路"倡议的样板工程和旗舰项目，北接"丝绸之路经济带"、南连"21世纪海上丝绸之路"，同时还是贯通新南北丝路的关键枢纽。

2015年4月20日，中巴经济走廊项目正式启动。6年来，其框架下的22个项目是巴基斯坦国家发展的重大项目，不但使严重的电力短缺问题得到有效缓解，而且交通基础设施得到明显改善，现多已竣工和投入运营，其余的也将按时竣工和投入运营。22个项目运营后，每年缴税对巴基斯坦财政贡献将超过40亿美元；配套的9个工业园区建成后，每年缴税对巴基斯坦的财政贡献将达数百亿美元。如今，瓜达尔已从一个以渔业为主的的小镇变成了繁忙的港口，未来则可能发展成为繁华的商业中心。

2021年8月，走进重庆团结村中心站，橙黄色的吊车紧张"忙碌"，一列列中欧班列整装待发，准备驶向遥远的欧洲。

10年前，就是从这里，中国铁路成都局集团公司重庆机务段电力机车司机江彤驾驶首趟中欧班列——"渝新欧"班列缓缓驶出。

江彤感慨，出发那天，现场车很少，现在这里已大不相同，"真比过年还热闹"！

2021年上半年，冲破疫情阴霾，中欧班列开行7300多列，同比增长43%；累计运送防疫物资1232万件、9.6万吨……

今天，中欧班列不仅是稳定全球供应的"钢铁驼队"，更是各国携手抗疫的"生命通道"和"命运纽带"。

2020年4月26日，重庆市政府与中国电子信息产业集团有限公司签订战略合作协议，双方将聚焦数字经济和现代数字城市建设两大方向，开展深度合作，推动重庆电子信息产业发展按下"加速键"。

重庆是重要的信息技术产业城市，早在5年前，这里的笔记本电脑年产量就达5575万台。这些笔记本电脑大多销往国外，其中欧洲市场占一半左右。以前，重庆出口货物只能东运上海，装船后南下穿越马六甲海峡，再前往欧洲。一台笔记本电脑摆在欧洲消费者面前，最快也要30多天。

情况随着"中欧班列"的运行发生了变化。现在，差不多每天都有一趟货运班列从重庆开出，通过这条国际铁路大通道，重庆制造的笔记本电脑最快16天就能进入欧洲市场。

由重庆等城市，经由新疆、内蒙古前往欧洲的铁路班列，被称为"中欧班列"，穿行上万公里，在中国内陆与欧洲市场之间构筑起快捷的货运走廊，畅通从波罗的海到太平洋，从中亚到印度洋和波斯湾的交通运输走廊，构筑连接东亚、西亚、南亚的交通运输网络，是欧亚各国融合发展的基本条件，也是共同的梦想。

除了铁路、公路等陆上交通设施，水路、空中航线、输电网以及油气管道和通信，都是发展中国家所面临的普遍挑战。作为"一带一路"倡议所描绘的愿景之一，完善跨境基础设施这一公共产品的供给，已成为沿线国家的广泛共识。

过去20年来，中国一直致力于国内的基础设施建设，推动交通、通信以及城市建设发生举世瞩目的变化。

世界不会忘记

从铁路到公路,从地铁到港口,中国展现出强大的基础设施建造实力。而越来越多的中国企业正在全球范围内展开合作,特别是帮助发展中国家改善基础设施。

吉达,沙特阿拉伯第一大港,东距伊斯兰教的圣城麦加约70公里。17世纪以来,这里便作为朝觐者的中转港而兴盛不衰。

阿哈迈德和他的家人世居于吉达。阿哈迈德供职的中铁十八局,正在修建连接麦加和伊斯兰教另一大圣城麦地那的高速铁路。这条"麦麦高铁"全长450公里,设计最高时速360公里,是沙特国内建造的第一条高速铁路。此前,中铁十八局曾修建了海湾地区铁路网的重要组成部分——沙特南北铁路,以及专门为朝觐者服务的高架城铁——麦加轻轨。

塔吉克斯坦是一个多山的国家,93%的国土被连绵的群山覆盖。长达5公里的沙赫里斯坦隧道,位于塔国南北大通道的咽喉地带,在它竣工通车之前,巨大的山体构成南北交通的一道屏障。来自中国路桥公司的建设者,历经6年艰苦努力,在2012年10月贯通了这条中亚最长的公路隧道。塔吉克斯坦总统拉赫蒙称赞,这一工程打通了被高山阻隔的交通,实现了塔国南北的真正统一。

蒙古国,仅次于哈萨克斯坦的世界第二大内陆国。当哈萨克斯坦展开"光明大道"计划时,一个名为"草原之路"的愿景,也在蒙古国展开。蒙古国政府拟定了贯穿五大项目的庞大计划,将在中国企业的帮助下,构筑连接中国和俄罗斯的977公里高速铁路、1100公里电气化铁路,以及穿越蒙古腹地,通向境外的油气管道。

当欧亚大陆腹地的内陆国家,以各种计划推进互联互通之时,地处太平洋和印度洋之间的印度尼西亚,也正在构筑"海上高速公路"。

泗水,印度尼西亚第二大城市,它距离马都拉岛5公里,却被一道浅浅的海峡所阻隔。如今,由中国企业建造的,连接泗水和马都拉的跨海大桥建成通车。

2015年12月9日，海南航空正式开通西安至罗马的国际航线。西安和罗马曾经是东西方并驾齐驱的两大古都，也是古丝绸之路的起点和终点。从西安到罗马的商道缔造了连续十几个世纪的国际贸易，镌刻着东西方之间政治、经济、文化交往最具象征性的历史记忆。昔日，走完这条漫长的贸易通道，不仅需要跋山涉水，而且要花费数年的时间。如今，伴随着宽体客机翱翔蓝空，从西安直飞罗马耗时不到12个小时。这历史的跨越，架设起"一带一路"建设的空中桥梁。

碧海蓝天，椰风阵阵，一趟开往更美好生活的"丝路快车"呼啸而来。中车株洲电力机车有限公司为马来西亚研制的混合动力米轨动车组2021年4月在马北部吉兰丹州正式上线运营。

更高质量的出行是构建更紧密互联互通网络的必备元素。该动车组列车运行时速可达120公里，是在中车株机为马来西亚研制的SCS动车组、ETS动车组等项目成功实施的基础上，专为马东海岸非电气化线路设计制造，不仅可大大降低线路运营投资成本，还能为马轨道交通运输系统注入新活力。马交通部长魏家祥表示，这款按照马方特色需求设计生产的动车组运行后，将极大提升吉兰丹州等马来西亚半岛东海岸地区民众出行的舒适度和便利度。

不断提升产品和服务质量是中方建设者对"一带一路"相关国家合作伙伴的郑重承诺。距上线马来西亚首款具有商务座舱的动车组仅一年多，中车株机这次进一步升级其产品和服务。本地化生产的米轨动车组，不仅充分考虑了马来西亚文化，配备了相关设施，还更加突出人性化理念，配备了电源插座、阅读灯和多媒体点播系统。

不断升级的动车组，见证的是中马友谊和合作的持续深化，展现的是两国人民齐心协力构建命运共同体的勇往直前。历史证明，任凭国际风云变幻，中马友好合作势头稳步上扬，两国战略互信更深厚，合作领域更广阔，人民

世界不会忘记

友谊更牢固。展望未来,中马两国将面临新机遇,迎来新发展。一方面,中国加快构建以国内大循环为主体、国内国际双循环相互促进的新发展格局,激发巨大国内市场潜力,实现更大范围、更宽领域、更深层次对外开放。另一方面,马来西亚正在研拟第十二个五年计划,为复苏经济、振兴国家指明方向。双方发展需求高度契合,是天然的发展伙伴。新冠肺炎疫情也催生了两国合作的新领域,后疫情时代电子商务、互联网经济、数字经济、人工智能等新兴领域,将成为中马合作的新增长点。

从中国东南沿海到地中海,从中国内陆到欧洲大陆,从太平洋到印度洋,伴随着道路联通、管道连通、电网联通、通信联通,人们正在以各种现实的成果,建造起互联互通的前景,跨越地理的阻碍,穿越时空的距离,将彼此紧紧联系在一起。而在相互连通的通途上,贸易将更加兴旺,城镇将更加繁荣,沟通将更加顺畅。

国际产能合作走深走实

2015年5月28日,几内亚最大的水电工程凯乐塔水电站的首台机组并网发电,电流通过中国企业搭设的225千伏输变电线路,送往150多公里外的首都科纳克里,并补充周边11个省区的电力缺口。

有关资料显示,目前全球70亿人口中,有28亿人只能非常有限地使用电力,还有18亿人完全没有电用。电力短缺成为制约发展中国家工业化的瓶颈。

凯乐塔水电站的建成,使几内亚的总装机容量翻了一倍,被誉为"几内亚的三峡工程"。它的建设者正是建造过世界上最大的水电站三峡工程的中国长江三峡集团公司。

对几内亚来说,源源不断的电流,带来的不仅仅是光明,还有发展工业、繁荣经济的强大动力。几内亚政府和民众对凯乐塔水电站的建成倍感骄傲。

最新发行的 2 万面额几内亚法郎,将凯乐塔水电站作为背景图案。

几内亚总统孔戴说:"我们需要合作,我们有意愿与中国政府和中资企业建立战略合作关系,这对我们双方都很重要,因此我们强烈希望进一步加强这种合作。现在我们合作修建了'几内亚的三峡大坝'凯乐塔水电站,我们希望能不断加强和推进双方的合作。"

加强国际产能合作,促进发展中国家的工业化,是"一带一路"倡议所要达成的愿景和使命之一。中国与沿线国家在这一领域共同努力,相继合作建造了一批有代表性的电站,通过电力开发,推动发展中国家实现工业化。

合作园区建设超越了传统贸易的范畴,是新兴市场国家与发展中经济体之间的经济合作向产业、物流、投资、金融乃至人文等层面聚集,促进了所在国新型工业化的进程。"一带一路"倡议实施以来,中国与沿线国家通过开放合作,建设工业园区,大力推进产业集群发展。中白工业园、中埃苏伊士自由贸易区、中马关丹产业园等标志性项目的建立,彰显着这一思路取得的成果。

由中白两国国家元首倡建的中白工业园,是两国共建"一带一路"的标志性工程。中白工业园位于白俄罗斯明斯克市以东约 25 公里,园区总体规划面积 112.5 平方公里,是我国在海外最大的工业园区。按照规划,这里将建成集生态、宜居、兴业、活力、创新"五位一体"的国际新城,和以机械制造、电子信息、生物医药、新材料、大数据、仓储物流为主的高端产业聚集地。

2015 年 5 月 10 日,到访白俄罗斯的中国国家主席习近平,在卢卡申科总统的陪同下,考察了中白工业园,强调要"将园区项目打造成丝绸之路经济带上的明珠和双方互利合作的典范"。

明斯克语言大学中文系学生叶甫盖尼·贝敦科耶维奇说:"中国是白俄罗斯的重要合作伙伴,中白工业园建设将有力推动白俄罗斯信息技术等产业发展,我平时经常关注有关工业园的新闻。"

世界不会忘记

叶甫盖尼看到的都是让人兴奋的消息：目前，园区一期工程基础设施已全面完成；园区入驻企业数量已达 50 多家，分别来自中国、白俄罗斯、德国、美国和以色列等国家，投资额 20 多亿美元。

据悉，中白工业园正在进行公共保税区建设。凭借独特的区位优势，工业园将建立公路、航空、铁路和海运"四位一体"的综合物流体系，打通从太平洋到波罗的海的物流大通道，开展跨境物流运输，从而成为区域货运集散中心之一。

当白俄罗斯致力于推进产业转型升级之时，埃及也通过合作构建产业新城。

中埃苏伊士经贸合作区，由天津泰达投资控股有限公司与中非发展基金有限公司合作成立的中非泰达投资股份有限公司主导运营，位于埃及苏伊士省苏赫奈泉港，距离首都开罗 120 多公里，是中国政府批准的国家级境外经贸合作区。这片始建于 2008 年的区域，分为 1.34 平方公里的起步区和 6 平方公里的扩展区。在中埃两国携手努力下，经过多年建设，至 2021 年 3 月，合作区已吸引 80 多家企业入驻，持续释放"一带一路"红利，昔日荒漠正成为园区绿洲。

中非泰达投资股份有限公司董事长刘爱民说，埃及的国家提振战略与我国"一带一路"倡议叠加，为园区发展提供了难得的历史机遇。目前，起步区内新型建材、石油装备、高低压设备、机械制造四大产业在埃及当地逐渐培育成熟；拓展区发展则沿用以龙头企业带动产业集群的方式，将在乘用车制造、纺织服装等方面形成新的产业集群。

作为"一带一路"建设的重要载体，境外经贸合作区在中外经贸合作中正扮演着越来越重要的角色。境外经贸合作区的建设，不仅带动了一大批中国企业走出国门，也促进了发展中国家由依赖外部投资"输血"向自我"造血"转型，促进了东道国税收、就业和经济增长，成为观察中国对外开放与中外互利共赢的一个重要窗口。

埃及苏伊士运河经济区副主席马赫福兹·塔哈说，中埃苏伊士经贸合作区是中埃两国经贸关系的成功例证，它使两国签署的各项合作协议得以落实。塔哈举例，在经贸区的中国巨石埃及公司是杰出的玻璃纤维制造商，这一中国在埃最大的生产项目落户经贸区后，一举将埃及提升为世界主要的玻璃纤维生产国和出口国。

在白俄罗斯中白工业园管委会主任亚罗申科看来，发展中白工业园这一以苏州工业园区为样板建设的未来高科技园区，有助于白俄罗斯吸引中国及其他国家的高科技企业前来投资兴业，带动本国高科技产业的发展，进而促进本国经济的整体发展。"参与'一带一路'建设为白俄罗斯创造了20万个就业岗位，其中包括在中白工业园发展先进制造业。白俄罗斯的民众也能够参与这一项目建设，以提高自己的福利水平。在我们园区上班的人，工资待遇高于全国平均水平。"亚罗申科说。

商务部国际贸易经济合作研究院和联合国开发计划署驻华代表处联合发布的《中国"一带一路"境外经贸合作区助力可持续发展报告》显示，截至2018年9月，中国企业在46个国家共建设初具规模的境外经贸合作区113家，累计投资366.3亿美元，入区企业4663家，总产值1117.1亿美元，上缴东道国税费30.8亿美元。报告还显示，中国境外经贸合作区严格遵守当地的劳动法和安全标准，88%的中国境外经贸合作区要求其公司为当地雇员提供社会和健康保险并确保工作安全，93%通过入区企业雇佣当地员工的方式加强与社区的联系，79%向当地社区的发展项目捐资。

做大做好投资贸易合作"蛋糕"

公元1405年至1433年的28年间，明代航海家郑和率领庞大船队先后七

世界不会忘记

下西洋,航迹遍布亚非30多个国家和地区,与各国建立了密切的经济文化联系。这是古代中国规模空前的远洋贸易。随着造船和航海技术的提高,大宗商品的贸易已从陆路转向海洋。

广东海上丝绸之路博物馆,位于广东省阳江市江城区南海一号大道西,是以"南海一号"宋代古沉船发掘、保护、展示与研究为主题,展现水下考古现场发掘动态演示过程的中国首个水下考古专题博物馆。

"南海一号",是一艘南宋时期福建泉州特征的木质古沉船,1987年在广东海域发现,是目前发现的最大的宋代船只,2007年12月21日被整体打捞出海。古船里打捞出的金、铜、铁、瓷、玉类等各种文物竟达14万件之多。这是一艘令人吃惊的远洋贸易商船。

如今,海洋仍然是对外贸易最重要的通道,中国外贸交易量的九成依赖于海洋运输。伴随着"一带一路"倡议的实施,中国沿海港口正在换发新的活力。

投资贸易合作是"一带一路"建设的重点内容。在"一带一路"倡议推动下,海关通关更加便捷,贸易也随之更加通畅。伴随着喀什、霍尔果斯这两大新疆经济开发区建设,以及福建、广东等地的自由贸易试验区建设,中国正在构建"陆上开放"与"海上开放"并重的对外开放新格局。

广州,一座与港口贸易相伴相生的城市,千年商都和千年商港,始终繁盛不衰。作为中国最重要的对外贸易口岸之一,广州港与世界排名前20位的班轮公司均有合作,截至目前,已开辟覆盖全球的外贸航线73条。

当沿海地区致力于发展港口贸易时,口岸贸易则为地处中国西北陆城市带来经济活力。

2013年12月,在中国巴克图口岸与哈萨克斯坦巴克特口岸之间开通了农产品快速通关"绿色通道",两国在各自口岸第一时间对农产品的报关单据进行审核,快速通过贴有绿色通道标志的车辆,以缩短通关时间,这是中国与周边国家的第一个农产品快速通关通道。随着绿色通道的开辟,仅到次年12月,通过巴克图口岸运出去的蔬菜就达1万多吨,货值超过900万美元。

哈萨克斯坦冬季严寒,几乎不产蔬菜,跨越国界的蔬菜满足了人们的生活需要。近年来,与哈萨克斯坦每年的贸易额都超过110亿美元,占中哈两国贸易额的40%以上。近年来,中国与毗邻的11个国家建立了73对边境口岸,开通了289条客货运输线路,总长度4万公里左右;中国通过国际道路年运送货物4000万吨以上,出入境货车超过200万辆次。

肯尼亚首都内罗毕市中心的卢图利大道上人群熙来攘往,鳞次栉比的户外标识中一幅幅蓝底白字的传音手机广告牌格外抢眼。手机店老板本森·姆温德瓦在这条街上卖了7年手机,见证了当地手机市场的变迁。

姆温德瓦店里的展示柜上,整齐地摆放着上百部来自世界各地的手机,价格从1999肯先令(约合人民币130元)到19999肯先令不等。其中,深圳传音控股股份有限公司(以下简称"传音")旗下品牌占了绝大多数。

传音,这个在国内鲜为人知的手机品牌畅销非洲。国际知名数据分析机构国际数据公司(IDC)发布的数据显示,截至2019年底,在超过12亿人口的非洲市场,传音手机占有率达52.5%,排名第一。传音发布的报告称,2019年传音手机全球出货量1.37亿部。2020年以来,新冠肺炎疫情给全球市场带来巨大影响,手机销售行业也不例外。

对于中报业绩表现,深圳传音控股股份有限公司董事长兼总经理竺兆江表示,公司有序有效推进疫情防控期间复工复产工作,非洲市场保持稳定增长。同时,公司持续加大新市场开拓及品牌宣传推广力度,新市场销售收入同比上升。

非洲消费者喜爱拍照,并热衷于在社交媒体上进行分享。于是,传音广泛收集非洲当地人的照片,对其进行脸部轮廓、曝光补偿、成像效果分析,研发出深肤色用户的美肤模式,帮助非洲消费者拍摄出更加满意的照片。

经过多年研发、创新和积累，传音拥有了深肤色数据库，以及深肤色影像引擎技术、深肤色影像算法技术。

此外，不少非洲消费者拥有两个或以上数量的手机卡，却不具备购买多个手机的能力。瞄准这一需求，传音在非洲推出双卡双待甚至三卡三待、四卡四待手机，产品推出后颇受消费者欢迎。

竺兆江表示，在中非友好合作大背景下，随着非洲城市化进程不断推进，非洲的数字网络、信息通讯等基础设施不断完善，迎来了数字经济发展的新机遇，本地消费者对良好的智能终端产品以及移动互联网服务的需求日益增强。

截至2020年，传音已合作开发7款月活跃用户超过1000万的手机应用程序。其中，Boomplay深受非洲用户喜爱，已成为非洲最大的音乐流媒体平台之一。

2019年10月，传音推出"传音新创平台"，通过流量与本地资源赋能，帮助中国、非洲的移动互联网创业团队孵化与成长，推动非洲移动互联网及数字经济的发展。

2006年，传音的初创团队来到非洲，而后决定将非洲作为主攻市场。传音在非洲的成功，也很好地诠释了"本土化"一词。

传音不仅在当地建立采购供应渠道和产业体系，还投资建厂，通过本地化雇佣带动就业。

2011年，传音在东非国家埃塞俄比亚设立组装工厂，生产手机及家电产品。

如今，传音埃塞俄比亚工厂生产的手机不仅能满足本地用户消费需求，还能辐射邻近的东非国家，成为当地出口创汇企业。

传音在非洲当地开设了门店、生产制造中心、营销管理中心、售后服务中心等，并与当地供应商、渠道商、经销商等合作伙伴共同成长，带动周边产业，比如广告业、物流业和金融业等协同发展。

"目前,传音正准备在埃塞俄比亚继续扩大生产规模。"展望未来,竺兆江说,传音在全球其他地区也在加紧布局,努力将非洲市场的成功经验带到巴基斯坦、孟加拉国、印度尼西亚等更多"一带一路"沿线国家和地区。

在"一带一路"倡议的推动下,海关通关更加便捷,贸易也随之更加通畅。如今,乌鲁木齐等丝绸之路经济带沿线10个海关,早就启用了区域通关一体化模式,企业可自由选择申报、纳税、放行地点,自主设计最适合自身的物流方案,实现"区域联动、多关如一关"的通关便利。

构建"一带一路"金融大动脉

巴基斯坦苏斯特,是巴基斯坦与中国边境的一个小镇,这里是喀喇昆仑公路进入巴基斯坦后的第一个口岸。在这里,使用中国银联卡可以从ATM直接取出当地货币——卢比。而在巴基斯坦的商业和金融中心卡拉奇,每年有价值数亿美元的中国商品被运到这里,不论大型商场,还是街区商店,使用中国银联卡都可以顺利结账。

当各种来自中国的商品,已经融入到巴基斯坦人的生活,贸易正推动货币结算更加便利化。

资金融通是"一带一路"建设的重要支撑。"一带一路"倡议提出8年多来,各领域建设快速推进,成果举世瞩目。中国与"一带一路"沿线国家在金融领域展开合作。人民币的跨境使用和人民币国际化进程,正在促进一个多元化货币时代的到来,推动着全球贸易与投资的资金融通。

与此同时,在"一带一路"倡议推动下,中国开始在全球范围内展开广泛的金融服务。亚投行的设立,促进了亚洲区域的互联互通建设和经济一体化进程,从而与"一带一路"倡议相互配合,相互借力。

塔乌公路可缩短塔吉克斯坦南北通行时间5小时;拉合尔轨道交通橙线项

目是巴基斯坦第一条城市轨道交通；中亚天然气管线自投运以来已累计向中国输气超过1500亿立方米……

金融是实体经济的血脉，在这些"一带一路"大型项目的背后，金融的支撑作用不容小觑。事实上，"一带一路"倡议提出8年多来，金融领域支持力度大、支持方式多、支持结构全，逐渐为"一带一路"架起连接海和陆、东和西的资金融通桥梁。而由于中国在国际贸易体系中的地位和表现，以及中国经济与世界经济的不断融合，人民币开始在资金融通中扮演重要角色。

环球银行金融电信协会发布的报告显示，过去三年，亚洲国家贸易支付的人民币使用比例，已从不足10%的低用户，过渡到10%至50%的中用户，其中6个国家的人民币使用比例超过50%。随着人民币成为亚太地区最常用的支付货币之一，发达国家的企业纷纷希望增加人民币在境外交易中的使用。亿赞普大数据显示，其中英国企业占86%，越南占70%，法国占63%。

今天，在全球外汇市场交易额比重当中，占据前10位的货币，有8种是由发达国家发行的，只有2种来自发展中国家，它们是中国的人民币和墨西哥比索。

随着"一带一路"倡议的实施，将推动全球贸易与投资的资金融通，有助于国际金融体系的优化与调整。

在"一带一路"倡议推动下，中国开始在全球范围内展开广泛的金融服务。

宁波舟山港，全球第四大集装箱港。在这里，借助集航运交易、航运金融等于一体的电子商务综合服务平台，宁波航运交易所对外发布了"海上丝路指数"。"海上丝路指数"是衡量国内外航运和贸易市场行情的综合指数。2015年10月，它开始在波罗的海交易所正式发布，这是具有270余年历史的波罗的海交易所首次发布其他机构的指数。中国航运指数由此走出国门，获得国际市场的认可。

如今，欧亚经济联盟、《东盟互联互通总体规划2025》、欧洲投资计划、蒙古国"发展之路"、老挝"变陆锁国为陆联国"、英国"英格兰北方经济中心"、沙特阿拉伯"2030愿景"、泰国"泰国4.0"等，都与"一带一路"建设实现了政策或规划对接。

当世界面临抗疫复苏双重任务，中国国家主席习近平提出把"一带一路"建成"减贫之路"、"增长之路"，及时回应了时代呼唤，使"一带一路"的内涵不断丰富，更具现实意义。

2021年一季度，中国与"一带一路"沿线国家货物贸易额达2.5万亿元人民币，同比增长21.4%；沿线国家在华新设企业1241家，同比大幅上涨44%……一串串亮眼的数据，无疑是"一带一路"澎湃发展动能的例证。

推动合作国经济格局大变革

尼日利亚莱基港，大西洋海水在防波堤外波涛汹涌，堤内却平静祥和。2021年4月29日，莱基港实现融资首放款；5月18日，1号泊位所有桩基施工完毕；5月24日，绞吸挖泥船"新海豚2轮"开始吹填作业。从2020年6月开工至今，由中国港湾工程有限责任公司（中国港湾）控股的莱基港投资、建设、运营项目稳扎稳打，破除新冠肺炎疫情干扰，推动项目整体建设进度不断提前，达到了54.71%，预计于2023年正式投入运营。

"我对莱基港的开发速度感到振奋，深水港预计于2023年1月投入运营，它将彻底改变我们的商业发展模式。"尼日利亚拉各斯州长巴巴吉德表示，随着莱基港的运营，货物周转速度会更快，物流成本将大幅下降，随着经商便利性的改善，人们将目睹尼日利亚经济的高速增长。

一直以来，中国港湾以实际行动践行了莱基港"打造非洲明珠，谋求共同发展"的开发宗旨，向非洲朋友们不断证明"一带一路"倡议改善基础设施、解决民生问题的能力。

世界不会忘记

莱基港投资开发公司董事总经理杜若罡表示，作为尼日利亚最大的外商投资深水港，中国港湾以投建营一体化开发模式践行"平台公司＋产业引领2.0"发展思路，通过特许经营在海外市场长期扎根、深度参与尼日利亚社会经济发展，在推动"一带一路"高质量发展上展现了中国企业的创新与担当。

2021年以来，尼日利亚新冠肺炎疫情形势依然严峻。但时间不等人，中国港湾在积极做好疫情防控的同时全面复工复产。"我们在保障资源投入的基础上不断优化施工工序，现场连续24小时不间断施工，体现了中国港湾顽强的战斗力，我们保证，将在合同工期内保质保量，顺利交付。"莱基港工程总承包项目经理谢贤举信心十足。

长期以来，非洲最大单体城市、非洲第一大经济体尼日利亚经济中心拉各斯各港区码头设施能力严重不足，后方集疏运条件有限，物流成本居高不下，严重限制了尼整体进出口贸易及经济发展。尼日利亚联邦政府、拉各斯州政府与多家国际大型企业就莱基港开发进行了多轮磋商。

2020年3月中国港湾完成股权交割，成为莱基港控股方，尼日利亚政府及新加坡私人投资公司参股，总投资额10.44亿美元，由中国国家开发银行供商业贷款。该项目也是第二届"一带一路"峰会成果，中国在非洲首个投资控股的大型综合性深水港。

4月14日，法国驻尼日利亚大使帕斯基耶考察莱基港，对中国港湾与法国达飞航运集团采用"轻重资产分离""轻资产股权合作"的模式予以充分肯定。"这有利于双方优势互补、实现合作共赢，是中法第三方市场合作的典范。"他说。

4月29日，在中尼双方1500多名建设者多日齐心奋战下，将主防波堤堤心推填完成，比计划工期提前了20天。同日，莱基港有限责任公司收到贷款首放款，作为中国在尼最大额度的商业贷款，中国国家开发银行的金融支持对莱基港开发具有关键里程碑意义。

5月7日，印度驻尼日利亚大使萨库也率企业考察团来到莱基港。他说，"莱基港的商业运营令人期待，该港口将有助于改善尼日利亚外资营商环境，我们将带领更多印度企业在莱基港后方的自贸区投资设厂"。

在45年的特许经营期内，莱基港预计产生约1500亿美元的直接和间接商业收入，其中190亿美元将作为支付当地人工薪酬，将极大改善生活水平；超100亿美元特许权使用费、地租和税收将会成为尼日利亚财政收入。

"我们为能成为莱基港的邻居而感到激动和自豪，我将继续带领村民为港口顺利开发而祈祷。"港区周边马格邦村酋长达乌达表示，港口建设开始后，马格邦村实现了前所未有的发展，游客大量增加，村子里闲置空屋租赁一空，周边道路条件得到不断改善，尤其是很多年轻人都能在莱基港拥有一份体面的工作。

莱基港有限责任公司荷兰籍工程总监赫克洛姆表示，截至6月中旬，港口已为当地居民提供了1200余个就业岗位，技术岗位和管理岗位均实现了80%以上属地化，通过系统培训和指导，大部分属地员工都掌握了更加专业化、现代化的工作技能。

尼日利亚航运理事会首席执行官哈桑·贝罗表示，莱基港对尼日利亚的经济繁荣至关重要。"建成后，将直接和间接创造超过17万个就业岗位，作为中西非最大现代化深水港，将对我国乃至整个中西非航运和经济格局带来重大变革。"

三、共建绿色"一带一路"

生态环境是人类生存和发展的根基，建设美丽家园是人类的共同梦想。近年来，全球主要经济体都提出绿色复苏计划和倡议，共建绿色丝绸之路成为经济复苏的新动能。中国是全球生态文明建设的参与者、贡献者、引领者。

世界不会忘记

中国始终秉持绿色发展理念,中国与"一带一路"沿线国家积极开展务实合作,推动实施一批绿色、低碳、可持续的清洁能源项目,共同打造绿色生态"一带一路",推动更高水平的互利共赢。

支持区域和全球环境保护

保罗·埃斯梅拉尔多,在中国国家电网巴西控股公司已经工作了4年多,担任公司投资建设运营的巴西美丽山二期特高压直流输电工程的负责人之一。

美二工程的线路全长超过2500公里,途经巴西5个州,建成后可将巴西北部亚马孙河流域的清洁水电,通过高高架起的输电线,越过茂密的森林、广阔的种植园和起伏的山脉,源源不断地输送到东南部人口密集的里约热内卢负荷中心。

2019年5月,美二工程完成施工,进入调试阶段。为了确保调试顺利进行,中方高管经常下一线,通宵达旦工作。在中方的带动下,巴方高管也经常一起加班加点。

这项工程的额定电压为±800千伏,额定输送功率400万千瓦。工程难度很大。对很多巴方工程师来说,能亲身参与到这一项目中去,是"千载难逢"的机遇。

保罗介绍,项目建设过程中,中方聘请了600多名动植物专家开展环保相关工作,尽量避免和减少项目对环境的影响。比如,铁塔架得很高,减少了对树木的损伤。项目建成后,土壤稳固、重新造林等环境修复工作也做得非常到位。

保罗说,美二工程建成后,能满足2200万人的用电需求,是巴西实现"北电南输"的"电力高速公路",将在促进巴西经济增长和能源绿色转型中发挥重要作用。

在南非南部大卡鲁高原的红褐色丘陵上，一座座白色风机正在缓缓转动，产出的电力，能满足附近德阿市的需求。

2017年11月，由中国国家能源集团龙源南非公司开发的德阿风电项目正式投产发电，成为中国在非洲首个集投资、建设和运营为一体的风电项目，也是南非目前最大的风力发电项目。该项目每年可为当地供应稳定的清洁电力约7.6亿千瓦时，相当于节约标准煤21.58万吨，减排二氧化碳61.99万吨，满足30万户居民的用电需求。

"南非目前用电缺口较大，已经影响到经济发展。"南非资深外交官格特·格勒布勒指出，南非是非洲电力大国，供应着全非洲电力的40%，但以煤为燃料的火力发电量占全国总发电量的90%以上。**"中企承建的新能源项目正在改变南非的能源结构，同时也符合南非降低对火电依赖、开发清洁能源的国家规划，为推动非洲的绿色发展作出重要贡献。"**

美丽山水电站输电项目和德阿风电项目是中国积极推进共建"一带一路"绿色发展的一个缩影。**"中国以切实行动支持区域和全球环境保护，尤其在应对气候变化方面发挥了引领作用，国际社会予以高度评价。"** 联合国环境规划署驻华代表处首席代表涂瑞和说。

厄瓜多尔西南部阿苏艾省和埃尔奥罗省交界处起伏的安第斯山脉中，坐落着该国第三大水电站——美纳斯水电站。为了适应山地条件，承建方哈尔滨电气国际工程有限责任公司在建设中采取引水式，挖出一条14公里长的隧洞，将水从河道引至厂房，形成水位落差，再通过冲击发电。厂房开凿于山体中，其中主厂房总长90米，最大宽度31米，纵深高差最高达50米，这样跨度的地下厂房在国际上很少见。

2019年，美纳斯水电站正式投入商业运营，并于2021年4月整体移交给厄方，与该国东部电站呼应，为厄瓜多尔构建起更完整的电力网络。

"从前，厄瓜多尔能源很大程度上依赖于石油。随着国内电力需求逐渐增

长，人们意识到，清洁能源才是我们的未来。"厄瓜多尔国家电力公司总经理贡萨洛·乌奎拉介绍，美纳斯水电站的装机容量 270 兆瓦，年均清洁能源贡献 1300 吉瓦时，让 22 万个家庭受益。"美纳斯水电站的投运减少了火力发电，有助于厄瓜多尔实现经济可持续发展。"

美纳斯水电站项目环境工程师胡安·巴勃罗说，水电站项目所在区域动植物非常丰富。"厄瓜多尔的环境法规比较严格，中国企业在项目开工前后对每个细节都一丝不苟。"

通过在项目建设过程中的连续监测，厄方发现，当地的生物多样性不仅没有减少，反而增加了——项目建设前，施工区域检测出 66 种植物，而最近一次环境监测则发现植物 141 种，包括 5 种厄瓜多尔特有物种。同样在这片区域繁衍生息的还有多种鸟类、哺乳动物、两栖动物、爬行动物和鱼类，其中一些是珍稀物种。

"我们开展了动植物拯救计划，转移、保护和重新安置库区范围内的关键物种。就鱼类而言，水库蓄水后，我们将 8 个品种的 871 条鱼投放至下游河段，并根据其习性选择了最佳放养水域。"巴勃罗说，"中方高标准的管理有效保护了生物多样性。"

开发可再生能源，促进可持续发展

2020 年 8 月 25 日，由中国华能控股开发的欧洲最大储能项目——英国门迪电池储能项目开始冷态调试，这标志着项目进入最后攻坚阶段。到 2019 年年底，此计划已投入商业运行。

门迪项目是中国电力企业首次在发达国家建设的储能项目，由中国华能与国新国际共同出资，华能香港公司运营管理。项目位于英国威尔特郡门迪镇附近，规划装机容量 99.8 兆瓦，主要设备由中国企业制造和集成，采用磷酸铁锂和三元锂电池技术，国产率超过80%。

近年来，随着英国可再生能源的快速发展，电源输出的间歇性和波动性导致电力供需在时间上的不平衡越来越突出。门迪项目建成后，将主要参与英国电力市场的调峰调频、快速频率响应、黑启动、容量市场等服务，有利于提高英国电网接纳可再生能源的能力，有效提升当地电网应对峰谷冲击的弹性，提高电力系统运行安全性和稳定性，并为当地创造就业、贡献税收，具有良好的社会效益和经济效益。

"从具体减排目标到后疫情时代经济复苏，乃至加速全球绿色转型，欧中合作潜力巨大。"德国环保组织"德国观察"国际环境政策负责人卢茨·魏舍尔认为，中国正大力推进生态文明建设，欧中绿色合作将引领世界绿色合作与发展。

事实上，中欧绿色合作项目近年来不断落地，中国科技部与德国联邦教研部合作开展的电动自行车、电动汽车、混合动力车研发项目，已在北京和上海设立联合实验室。

中国政府高度重视共建"一带一路"项目中的生态环境保护：积极搭建合作平台，建立绿色发展多边合作机制；完善技术支撑，防范生态环境风险；推动环境信息共享，建设"一带一路"生态环保大数据服务平台，强化生态环保服务和决策支持。

2019年8月，中国与南非合作成立中南清洁能源联合研究中心。格勒布勒表示，在清洁能源领域展开合作，有望解决当前困扰两国在发展过程中面临的共同问题和挑战，中国的支持为南非节能减排事业提供了很大帮助。

2020年10月8日，中国国家电网中国电力技术装备有限公司承建的埃塞俄比亚索马里州离网光伏电站正式竣工并带电。中国电力技术装备有限公司驻埃塞俄比亚总代表陈超表示，项目为远离主干网络的偏远村落提供电力，2000多户家庭、6000多人用上了"清洁电"。

世界不会忘记

据介绍，该项目设计年发电量142万千瓦时，提高了当地居民用电的稳定性和可靠性，使村民得以使用电视、电扇等功率较大的电器，改善了生活质量。

2019年12月6日，由中国电力建设集团有限公司投资开发的澳大利亚塔斯马尼亚州牧牛山风电项目举行首批风机并网发电仪式。这标志着中国电建进入发达国家的首个投资项目顺利投产，也为中国电建海外投资实施新能源发展战略辟出新路。

塔州能源部长盖伊·巴尼特、中国驻墨尔本总领馆商务参赞王晓佳、中国电建海外投资有限公司（电建海投）董事长盛玉明，以及澳大利亚联邦和塔州政府部门代表、项目建设单位负责人、当地社区代表及中澳媒体人士等百余人参加仪式。

巴尼特在仪式上代表塔州政府为电建海投颁发"嘉奖状"，表彰该公司为塔州新能源建设和经济可持续发展作出的突出贡献。巴尼特说，牧牛山风电项目的顺利实施将进一步增强塔州政府推动可再生能源发展的信心，项目实施过程中中国电建大力促进塔州经济发展，充分使用当地各类资源，创造了数千个就业机会，改善了当地民众生活条件。

该项目是电建海投公司代表中国电建进入发达国家开展新能源投资业务的首个项目，其投产发电具有里程碑意义。项目建设过程中，中澳两国建设者秉承"共商、共建、共享"精神，精诚合作、携手共进，实现了项目建设的成功。

牧牛山风电项目的投资开发受到中澳两国政府、中国驻澳使馆高度关注。近年来，中国电建作为全球领先的电力投资开发建设企业，积极响应"一带一路"倡议，加快实施"走出去"战略，取得丰硕成果。

牧牛山风电项目位于塔州中央高地，总投资约3.3亿澳元（约合15亿元人民币）。项目总装机容量148.4兆瓦，通过4公里220千伏输电线路与澳国家电网连接，投产后年均上网发电量约 4.4 亿度，可为超过 6 万个家庭提供优质清洁能源。

"**通过倡导绿色发展，共建'一带一路'项目促进了当地生产实践的可持续发展。**"巴西里约联邦大学全球变化国际虚拟研究所负责人马科斯·弗雷塔斯表示，在共建"一带一路"过程中，中国积极倡导绿色生态理念，建设绿色丝绸之路，已成为落实联合国 2030 年可持续发展议程的重要路径，获得广泛支持。

引领绿色金融，推动绿色投资

在亚洲基础设施投资银行（亚投行）和其他多边开发银行的支持下，马尔代夫在大马累首都地区建立一个可持续的区域固体废物处理系统。

过去 30 年来，大马累地区产生的废物一直倾倒在蒂拉福什岛。"大马累废物转化能源项目将使大马累地区的人民受益，并通过减少温室气体排放和减轻对气候变化的影响而产生更广泛影响。"亚投行投资运营副总裁潘迪安说。

2020 年 10 月，中电国际、中国电力和亚投行、欧洲复兴开发银行以及中国工商银行等，正式签署哈萨克斯坦札纳塔斯 100MW 风电项目融资协议。该项目 2021 年 9 月可实现首批风机并网发电，预计每年可实现发电量 3.5 亿千瓦时，节约标煤 10.95 万吨，标志着中亚地区装机容量最大风电项目开始输出绿色能源，为哈萨克斯坦能源体系"去碳化"发挥重要作用，也为绿色低碳经济发展和"一带一路"沿线国家基础设施建设起到积极示范效果。

"**从生态治理、节能环保到清洁能源、文化旅游等，中国积极参与绿色投资和绿色金融，起到表率作用。**"弗雷塔斯说。

中国与欧盟等共同发起可持续金融国际平台（IPSF），积极利用"一带一路"绿色投融资合作，中欧、中英、中法高级别财经对话等多边和双边平台，

世界不会忘记

为推动实现应对气候变化《巴黎协定》和联合国2030年可持续发展议程贡献中国力量。**"中国高度重视生态环境保护，释放出高质量及可持续发展的鲜明信号。"** 尼泊尔中国研究中心执行主席巴特拉伊说。

2019年4月，由中国金融学会绿色金融专业委员会与伦敦金融城牵头起草的《"一带一路"绿色投资原则》签署仪式举行。截至2020年9月，已有来自全球14个国家和地区的37家签署机构和12家支持机构参与其中。

2020年3月19日，中国平安保险（集团）股份有限公司宣布正式签署"一带一路"绿色投资原则，是全球首家签署该原则的保险集团。

该原则由中国金融学会绿色金融专业委员会和伦敦金融城"绿色金融倡议"发起，并联合责任投资原则、可持续银行网络、"一带一路"银行家圆桌会、世界经济论坛、绿色"一带一路"投资者联盟和保尔森基金会等共同制定。

该原则旨在将低碳和可持续发展议题纳入"一带一路"沿线国家的项目中，确保"一带一路"的新投资项目兼具环境友好、气候适应和社会包容等属性，共同推动和实现"联合国2030年可持续发展目标"，落实《巴黎协定》各国承诺，促进"一带一路"国家共建繁荣未来。据官方介绍，截至目前，全球已有37家机构签署了该协议。

作为全球性的综合金融业务提供商，中国平安一直积极响应"一带一路"倡议，发挥自身金融优势，用专业、全面的金融服务为"一带一路"建设保驾护航，并在积极践行"一带一路"投资绿色化标准。

中国平安充分利用绿色金融工具，各专业子公司为海外重大基础设施工程项目提供保险保障和投融资支持，为"一带一路"沿线企业发行企业绿色债券，供应链ABS，可转换债券等，一带一路项目总体投融资额超过3400亿元。

"绿色金融支持的复苏将有助于金融稳定和国际合作。"中国人民银行副行长陈雨露认为，绿色复苏能确保经济发展和金融体系运行的质量，并有助于推动国际务实合作，维护多边主义和经济全球化。

从倡议成立"一带一路"绿色发展国际联盟,到发布《"一带一路"绿色投资原则》,再到先后与 100 多个国家开展环保交流合作,"中国经济社会的快速发展给世界留下了深刻印象。中国加快推动经济社会绿色转型,传播生态文明理念,助力多国共同实现全球生态议程,为全球生态文明建设贡献了中国智慧和中国力量。"巴特拉伊说。

四、"一带一路"驭风前行

"我们愿同合作伙伴一道,把'一带一路'打造成团结应对挑战的合作之路、维护人民健康安全的健康之路、促进经济社会恢复的复苏之路、释放发展潜力的增长之路。通过高质量共建'一带一路',携手推动构建人类命运共同体。"

2020 年 6 月 18 日,习近平主席向"一带一路"国际合作高级别视频会议发表书面致辞,引发热烈反响。

2020 年初以来,新冠肺炎疫情席卷全球,给世界经济带来严重冲击。中国与"一带一路"沿线国家奋楫破浪,坚毅前行,共建"一带一路"呈现出抗冲击的巨大韧性、旺盛的生机活力和强大的感召力,取得的成果弥足珍贵。

政策沟通日益密切

面对新冠肺炎疫情全球大流行,中方对"一带一路"的态度依然坚定,通过高质量共建"一带一路",携手推动构建人类命运共同体。

2020 年 10 月,国务院办公厅发布《关于推进对外贸易创新发展的实施意见》提出,落实好已签署的共建"一带一路"合作文件,大力推动与重点市场国家特别是共建"一带一路"国家商建贸易畅通工作组、电子商务合作机制、贸易救济合作机制,推动解决双边贸易领域突出问题。11 月发布的《中

世界不会忘记

共中央关于制定国民经济和社会发展第十四个五年规划和二〇三五年远景目标的建议》,专门有一条"推动共建'一带一路'高质量发展"的建议,并附有200多字的论述。

对外政策协调方面,习近平主席在与多国领导人贺电、电话等往来时,多次传递了合作信心和举措。在同印尼总统佐科通电话时,双方表示,实施好雅万高铁等共建"一带一路"重点项目,为两国人民创造更多福祉;在同马来西亚总理马哈蒂尔通电话时,双方表示,要在携手应对疫情挑战的同时,持续深化两国关系特别是共建"一带一路"合作,创造更多合作成果,造福两国和两国人民;在同孟加拉国总统哈米德互致贺电时表示,愿同哈米德总统一道努力,加强两国战略对接,共同推进"一带一路"建设,将中孟战略合作伙伴关系推向新高度。11月27日,以"共建'一带一路',共兴数字经济"为主题的中国—东盟博览会召开,习近平在开幕式致辞中表示,新形势下,中方视东盟为周边外交优先方向和高质量共建"一带一路"重点地区。

"一带一路"倡议已经进入与各国发展愿景深度融合的阶段。

投资合作保持稳定

2020年6月16日,联合国贸易和发展会议发布《2020年世界投资报告》预测,2020年全球外国直接投资流量将在2019年的基础上降低约40%,达到近20年以来的最低水平,到2021年将下降5%,在2022年才开始复苏。

与之形成鲜明对比的是,中国对"一带一路"沿线国家投资保持高位。2020年前三季度,中国企业在"一带一路"沿线对57个国家非金融类直接投资910.3亿元人民币,同比增长32.3%,占同期总额的16.5%,较上年同期提升4.1个百分点,主要投向新加坡、印尼、老挝、越南、柬埔寨、马来西亚、泰国、哈萨克斯坦、阿联酋和缅甸等国家。迪拜《建筑周刊》为此刊文指出,

"一带一路"倡议能满足中东各国政府鼓励外国直接投资以推动增长并促进经济多样化的愿望。

对外承包工程方面，中国企业在"一带一路"沿线的61个国家新签对外承包工程项目合同3478份，新签合同额5852.8亿元人民币，占同期中国对外承包工程新签合同额的55.7%；完成营业额3714.7亿元人民币，占同期总额的58.2%。孟加拉国《金融快报》有文章就认为，孟加拉国及其民众将从中国投资的开发项目中受益，这些项目对孟加拉国经济社会的持续发展至关重要。

进出口贸易方面，中国与沿线国家贸易进出口总额达到9634.2亿美元，虽然同比下降1%，但增速比全国整体水平高0.8个百分点；对沿线国家非金融类直接投资达130.2亿美元，同比增长29.7%，高出全国整体增速32.3个百分点。

重大项目稳步推进

疫情发生后，外界普遍担心"一带一路"的项目将会出现大规模停滞。的确，疫情带来了人员及物资流动的极大限制，但面对这些不利影响，很多项目成功做到了"化危为机"。中国外交部2020年6月公布的一项调查显示，20%的"一带一路"项目受到疫情的严重影响，40%的项目几乎未受负面影响，30%—40%的项目受到一定程度的影响，这样的受影响比例在疫情之下已经是一个很不错的成绩。

一批新项目上马。2020年6月，塞尔维亚伊维拉克-拉伊科瓦茨快速公路开工，塞尔维亚总统武契奇，副总理兼建设、交通和基础设施部长米哈伊洛维奇，中国驻塞尔维亚大使陈波等出席开工仪式；8月，"一带一路"建设标志性工程—加纳滨海大道项目升级改造工程开工仪式在加纳首都阿克拉市举行；进出口银行融资支持的乍得国家信息产业现代化项目在乍得首都恩贾梅纳举行开工仪式。

原有项目按时推进。中企承建的厄瓜多尔美纳斯水电站土建工程6月完成移交，自2019年9月项目临时移交以来，哈电国际美纳斯水电项目团队积极克服各种不利影响因素，尤其在全球疫情蔓延下，仍全力协调现场各方积极开展土建消缺及机组检修工作，确保了土建工程全部按期履约，实力诠释哈电国际疫情防控的落实落地和项目管理的高质高效；中巴经济走廊框架下首个正式启动的大型城市轨道交通项目——巴基斯坦拉合尔轨道交通橙线项目2020年10月正式开通运营。

标志性项目逆势前行。以中欧班列为例，据国家发展改革委新闻发言人介绍，截至2020年11月5日，2020年中欧班列开行达10180列，已超去年全年开行量。运送货物92.7万标箱，同比增长54%，往返综合重箱率达98.3%。运输网络持续拓展，已通达欧洲21个国家、92个城市。2020年以来，运送医疗物资近800万件，共计6万多吨。

从义乌到马德里、从济南到布达佩斯、从武汉到杜伊斯堡……在疫情肆虐和经济逆风中，中欧班列挑起"大梁"，成为中欧之间抗疫合作的"生命通道"，为维护国际供应链产业链稳定提供了重要支撑。

民心相通经受考验

疫情初期，逆全球化潮流、民粹主义、保护主义明显升温，国际社会围绕"一带一路"前景的担忧声音较为明显。但随着中国率先走出疫情并着力恢复经济社会发展，随着中外合作抗疫取得显著成效，中国与"一带一路"沿线国家之间的民心相通经受住了考验。

疫情期间，"一带一路"的许多基础设施和民生项目都为抗疫发挥了重要作用。在特立尼达和多巴哥，中国铁建国际集团承建的库勒珀立交桥、阿利玛总医院两大项目于2020年6月启用。该国总理基思·罗利连续两天出席启用仪式，对中国企业克服疫情影响、顺利完成项目表示赞誉和感谢；亚吉铁路中方运维联合团队努力克服疫情带来的困难，保证货物运输通道畅通，切实发挥了"运输生命线""民生保障线"的作用，共开行货运列车588列，运送集装箱3.84万个，发送货物73万吨，特别是协助埃塞从吉布提港口抢运了14万吨的化肥和小麦等急需物资，有力地保障了埃塞企业生产的需求和民生供应。

这次疫情也让大家看到了共同构建人类卫生健康共同体的必要性。疫情发生以来，习近平主席多次呼吁打造"健康丝绸之路"并提出"人类卫生健康共同体"，得到国际社会积极响应。在中国暴发疫情的严峻时刻，很多"一带一路"合作伙伴在政治、物资等各个方面向中方提供了积极的支持和帮助，他们也都以不同方式表明同中方继续加强"一带一路"合作的态度。

中国疫情缓解后，我们也向"一带一路"合作伙伴提供了力所能及的物资和技术援助，迄今已向150多个国家、10个国际组织提供抗疫援助，为有需要的34个国家派出36支医疗专家组。中国发挥最大医疗物资产能国优势，将2200多亿只口罩、22.5亿件防护服、10.2亿份检测试剂盒发往世界各地。

中国以实际行动生动诠释了推动构建人类命运共同体的大国担当。《尼泊尔时报》就有文章指出，虽然新冠肺炎疫情给"一带一路"倡议造成了不利影响，但中国正通过集中精力建设"健康丝绸之路"和"数字丝绸之路"、减免债务等措施予以应对，因此"一带一路"倡议不会崩溃。英国《金融时报》也指出，中国率先复苏的经济以及对拉美的抗疫援助，增加了"一带一路"倡议对拉美各国的吸引力。美国"欧亚评论"网站则认为，得益于"一带一路"倡议的投资与基建能力以及率先走向复苏的经济，中国成为西亚地区更具吸引力的伙伴。

值得一提的是，尽管新冠肺炎疫情对国际交往活动带来影响，但去年以来,"一带一路"合作伙伴在多边合作层面仍举办"线上"或"线上+线下"国际会议20多场。

2020年的"一带一路"能在疫情之下取得如此亮丽的成绩单,着实不易。走向高质量发展阶段的"一带一路",必然将伴随各种更大风险和困难的挑战。"一带一路"建设也需承担助力各方合作抗疫、促进经济社会恢复发展、落实联合国2030年可持续发展议程的更大责任。期待经历疫情风雨考验的"一带一路",在未来取得更大实效。

五、"一带一路""朋友圈"越来越大

当前,全球新冠肺炎疫情形势依然严峻,国际公共卫生安全和经贸秩序面临重大挑战,人员、物资流动受到极大影响。在此背景下,有外媒针对"一带一路"合作发出"项目停滞"、"进展受挫"等种种唱衰声音。然而国际舆论场关于该问题的真实反馈却并非如此。有关机构基于对"一带一路"海外舆情的长期监测分析发现,"一带一路"在国际舆论场的支持度依然很高,"朋友圈"越来越大。

"一带一路"支持度高企

据《人民日报》海外网舆情中心统计分析,综合境外媒体关于"一带一路"报道的情感倾向、覆盖面及触达率,通过建立科学的指标来评估这些报道的正面度及影响力,计算得出各国舆论对"一带一路"的支持度指数。通过对各国媒体相关报道的内容进行分析发现,2020年3月,随着新冠肺炎疫情在全球蔓延,国际舆论场关于"一带一路"的讨论与中国对"一带一路"合作国家的抗疫援助紧密相关。疫情对于全球经济发展的影响成为各国严肃媒体

的讨论焦点，巴基斯坦、马来西亚、新加坡、俄罗斯等国媒体在分析疫情冲击下的全球经济形势时对"一带一路"合作显示出较高支持度。

中国积极开展疫情防控国际合作，获得多国高度认同和赞赏，"一带一路"倡议也在这一特殊背景下焕发新的生机与活力。多国媒体赞赏中国在推动国际抗疫合作中展现的大国责任与担当。美国《芝加哥论坛报》网站3月26日刊文报道，习近平主席提出了"健康丝绸之路"，中国将在此框架下向世界各国提供医疗物资与援助，面对疫情严峻形势，世界多国领导人对中国的援助表示感谢和赞赏。文章强调，美国未采取与G7或G20协调一致的举措，而中国通过推动国际抗疫合作在一定程度上填补了美国此次全球领导力缺失留下的空白。意大利第二大通讯社AGI通讯社在报道丝路基金向意大利捐赠口罩、检测试剂等防疫物资时称，丝路基金本着"一带一路"一直强调的和平合作、开放包容、互学互鉴、互利共赢的"丝路精神"实施本次援助活动。

2020年3月，中老铁路老挝段建设、中巴经济走廊框架下的默蒂亚里—拉合尔直流输电项目、马来西亚东海岸铁路项目等多个"一带一路"重点项目稳步推进，来自"一带一路"沿线国家尤其是亚洲国家主流媒体予以关注。

老挝《万象时报》、马来西亚《星报》等多家东南亚媒体报道中老铁路老挝段开始进入铺轨阶段，同时看好其对老挝经济的促进作用。据巴基斯坦《国际新闻报》2020年3月18日报道，中巴经济走廊下的默蒂亚里—拉合尔直流输电线路已全面开工，86项工作已经完成。据《马来邮报》3月16日在其官网报道，马来西亚新任总理穆希丁·亚辛宣布，在政府的经济刺激计划下，东海岸铁路项目等多个大型项目将继续进行。

信心比黄金重要

"信心比黄金更重要"。不少境外媒体刊文称，新冠肺炎疫情虽然使"一带一路"面临阻碍，但这也将推动中国调整建设方案，转向更重视发展质量以及健康、科技等新领域。权威数据也显示，疫情危机使海外民众更加认同和期待"一带一路"。

2020年11月上旬，当代中国、世界研究院、中国报道社共同发布的《中国企业海外形象调查报告2020·"一带一路"版》显示，尽管受到疫情影响，平均有75%的海外受访者关注"一带一路"建设，其中有44%表示"非常关注"或"比较关注"。分国家来看，泰国民众对"一带一路"建设的认知度最高，高达93%的受访者对此有所了解，其次是马来西亚和肯尼亚，选择比例均为89%；接下来是沙特阿拉伯（87%）、印度尼西亚（85%）。超过六成的受访者认可"一带一路"建设对所在国家及地区和全球经济有积极意义，超过五成的受访者认可"一带一路"建设对个人带来的积极意义。

受访民众对中国企业海外抗疫表现的总体印象较好。平均有70%的受访者对中国企业助力当地抗击新冠肺炎疫情的表现给予了积极评价。海外受访者对中国企业采取的抗疫举措印象最深刻的是"把企业员工生命健康放在第一位"（60%），"采用灵活的管理办法"（57%），"公正平等地对待员工"（55%），认为中国企业面对疫情"承担起企业的社会责任"（56%），体现出了"社会担当"（57%）。

合作理念深入人心

自首届"一带一路"国际合作高峰论坛以来，在各方的推动下，共建"一带一路"倡议的"朋友圈"越来越大。截至2021年1月底，中国已同171个国家和国际组织签署了205份共建合作协议，共同展开了2000多个项目，倡议及其核心理念多次被载入联合国等国际组织重要文件，"六廊六路多国多港"互联互通架构基本形成，在国际上形成了广泛共识，合作理念深入人心。

为什么有越来越多的国际朋友们加入到这个"一带一路"朋友圈里面？全球 CEO 发展大会联合主席龙永图表示，"一带一路"是一个国际化的大倡议，是在一个多元化的这样一个世界里面提出来的。所以把这样一个大的国际倡议，真正能够得到那么多国家支持，确实很不容易。我们过去长期搞国际合作，过去多半搞一些双边合作或者一些联合框架的国际合作，那时候涉及国家的、领域都很有限，这一次"一带一路"从涉及的国家，特别是国家的历史、地理、文化多元特点来讲前所未有，所以我们国家"一带一路"能够得到国际组织的支持，这个事有道理，得人心，符合国际发展的潮流，这一点更加坚定了我们和大家共建"一带一路"的信心。

对于全球疫情形势下如何进一步深化"一带一路"共建，华中师范大学政治与国际关系学院院长、"一带一路"研究中心主任胡宗山教授提出，从长远来看，中国应主动谋划，从推动构建人类命运共同体的高度出发，将对外抗疫援助与推进"一带一路"合作结合起来，两手抓，两手都要硬。

胡宗山表示，具体来说，一方面要在立足本国国情的基础上继续加强对外抗疫援助，并在"一带一路"框架下加强与有关国家的医疗卫生合作，协助其完善公共卫生防疫系统，派驻中国专家为这些国家培训防疫人才，用实际行动彰显中国的大国责任、大国担当，拉近中外民心距离，消除误解，增强互信；另一方面要有长远眼光，着眼于疫后经济重启带来的商机，不失时机，继续推进"一带一路"项目与工程建设。这些"一带一路"项目可聚焦消除贫困、增加就业、改善民生，为当地经济社会发展作出实实在在的贡献，同时确保商业和财政上的可持续性。

事实终将战胜质疑

"一带一路"的成长并不总是一帆风顺，伴随着鼓励和支持，同时也夹杂着质疑和掣肘，一些人对中国的误解与曲解，也本能地反映在对"一带一路"的误解与曲解上。但是，"一带一路"合作正在用行动获得理解，用事实证明自己。

"一带一路"不制造"债务陷阱"。债务的成因很复杂，既有历史原因，也有发展需求。将一些国家长期积累下来的债务问题归咎于才推进8年多的"一带一路"，显然是不合理的。在斯里兰卡，中国债务仅占该国全部外债的10%，债权规模低于亚洲开发银行和世界银行等；在非洲，中国投资的基建项目每年为非洲国家带去500亿美元收益，且中国免除了非洲最不发达国家的到期债务。目前为止，没有国家因为参与共建"一带一路"而陷入债务危机。相反，很多国家正在通过参与"一带一路"合作走出"不发展的陷阱"。

近百年来，地缘政治学家总习惯于从地理角度描述如何控制世界。当下，美国部分政客和智库认为，中国"一带一路"倡议是旧地缘政治学说的翻版，目的是借此控制世界，各国必须加以抵制。这种说法是完全站不住脚的。

中国"一带一路"倡议聚焦经济合力，不以追求对某一地域控制为出发点，倡导"共商、共建、共享"理念，构建人类命运共同体。倡议既是有形的道路，也是合作精神，各国自愿参加，共同努力，分享成果，谋求共同发展。"一带一路"倡议是包容和开放的，建设过程中，不是中国一家独奏，而是参与国家合唱。

进入21世纪，世界多极化、经济全球化、社会信息化和文化多样化进程加快。这个时代远远超出"地理+政治权力"交汇，而是相互联系、一荣俱荣、一损俱损。处在大发展大变革大调整期，不同国家采取不同应对姿态。近年来，世界经济不稳定性不确定性明显增强，单边主义、保护主义蔓延，令国际社会深感寒意。在这样背景下，"一带一路"的中国方案显得尤为重要和珍贵。

六、站在新的历史起点上

共建"一带一路"是个新事物，在向前推进的过程中，不可避免地会出现一些"成长的烦恼"。

"我们将高举和平、发展、合作、共赢旗帜，同世界各国人民深化友谊、加强交流，推动建设新型国际关系，推动构建人类命运共同体，推动共建'一带一路'高质量发展，以中国的新发展为世界提供新机遇。"

2021年7月16日，习近平总书记在参观"友好往来　命运与共——党和国家领导人外交活动礼品展"时强调指出。

习近平总书记的论述高瞻远瞩，审时度势。站在新的历史起点上，转入高质量发展阶段的共建"一带一路"，迎来了更大发展机遇。

"中国开放的大门不会关闭，只会越开越大！"作为新时代对外开放的重要抓手，"一带一路"将有效提高中国对外开放水平，促进形成陆海内外联动、东西双向互济的齐振腾飞之势，让沿线国家共享中国超大规模市场潜力。

当前，在百年未有之大变局与新冠肺炎疫情的交织叠加下，加强全球治理比以往任何时候都更加重要和迫切。"一带一路"合作促进了沿线国家的经济复苏，积极回应国际社会关切，在探索新型全球治理体系的实践中不断取得新进展。

人类是同舟共济的命运共同体，无论是应对疫情，还是恢复经济，都要走团结合作之路，都应坚持多边主义。中国愿同合作伙伴一道，把"一带一路"打造成团结应对挑战的合作之路、维护人民健康安全的健康之路、促进经济社会恢复的复苏之路、释放发展潜力的增长之路，共创人类美好未来。

放眼全球，新冠肺炎疫情起伏反复，病毒频繁变异，防控形势依然严峻，世界经济复苏仍显脆弱。

面对前所未有的发展挑战，中国将提供怎样的解决方案？

"加强抗疫国际合作""深化区域经济一体化""坚持包容可持续发展""把握科技创新机遇"……2021年7月16日，亚太经合组织领导人非正式会议上，

世界不会忘记

习近平主席为亚太经济发展把脉开方。

"未来3年内还将再提供30亿美元国际援助,用于支持发展中国家抗疫和恢复经济社会发展。"

"采取有效措施确保人员健康安全有序往来,推动地区经贸合作早日恢复正常。"

"向亚太经合组织捐资成立'应对疫情和经济复苏'子基金。"……

坚定有力的中国承诺,扎扎实实的中国行动,为世界注入信心与力量。

越是考验严峻,越要握紧合作共赢之手——

"一带一路"展现出强大韧性与活力!

迄今为止,同中方签署"一带一路"合作文件的伙伴国家和国际组织已达171个;中国与"一带一路"合作伙伴贸易额累计超过9.2万亿美元;中欧班列累计开行突破4万列,2021年上半年再次逆势增长……

越是发展不均,越要大开机遇共享之门——

疫情背景下,中国对外开放的决心依然坚定。服贸会、进博会、广交会、消博会等一系列重大国际经贸活动陆续举行,为推动世界贸易和经济复苏注入中国动力;2021年7月26日,中国跨境服贸领域首张负面清单——海南跨境服务贸易负面清单正式发布,将进一步激发中国跨境服务贸易潜力,展现出更高的开放度、透明度……

越是复苏乏力，越要坚持可持续发展之路——

绿色增长是世界经济复苏的新思路：中国提出了力争 2030 年前实现碳达峰、2060 年前实现碳中和的目标，并宣布提高国家自主贡献力度；7 月 16 日，全国碳排放权交易市场启动上线交易，首日成交额近 2.1 亿元，纳入重点排放单位超过 2000 家……

疫情以一种特殊的形式再次证明，世界各国休戚相关、命运与共；在国际抗疫合作中，世界也愈发深刻地认识到，中国越发展，越能为世界提供发展机遇。

不久前，两则好消息传出，困顿中的世界经济为之一振——

中国 2021 年上半年国内生产总值同比增长 12.7%，两年平均增长 5.3%；世界银行将今年中国经济的增速预期从 8.1% 上调到 8.5%，预计 2021 年中国对世界经济增长的贡献将超过 1/4……

正如外媒指出，中国为"冻伤的"世界经济带来暖意，为疫后世界发展点亮希望之光。

"人类面临的所有全球性问题，任何一国想单打独斗都无法解决，必须开展全球行动、全球应对、全球合作。"

2021 年伊始，习近平主席在世界经济论坛"达沃斯议程"对话会上明确指出，世界上的问题错综复杂，解决问题的出路是维护和践行多边主义，推动构建人类命运共同体。

"多边主义的要义是国际上的事由大家共同商量着办，世界前途命运由各国共同掌握。"

"不能搞单边主义、霸权主义，不能借多边主义之名拼凑小圈子，搞意识形态对抗。"……

世界不会忘记

多个外交场合,习近平主席围绕什么是真正的多边主义这一命题进行深入阐释。

践行真正的多边主义,中国以行践言:加入几乎所有普遍性政府间国际组织,签署了600多项国际公约;特别是提出的"一带一路"倡议已经真正成为当今世界范围最广、规模最大的国际合作平台……

"不论来自亚洲、欧洲,还是非洲、美洲,都是'一带一路'建设国际合作的伙伴;'一带一路'建设将由大家共同商量,'一带一路'建设成果将由大家共同分享。"习近平主席用这句话,表达了中国与世界携手同行的真诚意愿。

与君远相知,不道云海深。展望未来,高质量共建"一带一路"将绘出更加精细的"工笔画",建设更紧密的卫生合作、互联互通、绿色发展、开放包容伙伴关系,为人类走向共同繁荣作出积极贡献。

从历史走到今天,记录东西方交流合作的丝绸之路,栉风沐雨,历久弥新。以习近平新时代中国特色社会主义思想为指引,共建"一带一路"的理念种子,必将带着中国的善意,在与世界良性互动中,深扎根系,叶茂花繁。

音乐欣赏

One Day

抗击新冠肺炎：
全球战"疫"，有一种温暖叫"中国援助"

如果时间倒回一年半前，可能世界上任何一个人都难以相信，新冠肺炎疫情会如此严重。

自2019年12月至2021年6月，新冠病毒已经造成全球1.64多亿人感染，340多万人死亡；全球193个国家、31个地区没有一个幸免于难。

到目前，仍在全球蔓延的这场新冠肺炎疫情，未来怎样还难以确定。但正如多位世界顶级传染病学家所言的，这是人类近100年来，所遭遇到的最严重的疫情。

新冠病毒是一种全新的病毒，不仅传染性极强，还特别狡猾，人类对它几乎一无所知。以至于新冠病毒横扫全球的时候，除了中国在较短时间内控制住了疫情，以及越南、新加坡、韩国等少

世界不会忘记

数几个国家可以勉强支撑之外，剩下的绝大多数国家都被病毒打得狼狈不堪，显得束手无策。

最让人大跌眼镜的是，号称拥有全球最强医疗体系的美国竟然一度成了全球疫情最严重的国家。而在印度，2021年3月其政府曾骄傲地宣称疫情控制住了，并向国民保证不用担心潜在高峰。可言犹在耳，印度疫情却掀起恐怖浪潮，连续一个多月，日增感染人数达30万人以上。印度疫情的不断"爆表"，也在警示世人，抗疫之路，任重道远。

在浩瀚的宇宙中，地球恰似一艘航船，人类是航船上的命运共同体。需要大家同舟共济、开放合作、共战疫情。越是在艰难时刻，越是能看出谁在道义的高地一直坚守。

在2020年初突如其来的新冠肺炎疫情一度让中国面临严峻考验，从亚洲到欧洲，从非洲到美洲，中国得到了国际社会的广泛援助。中国人民不会忘记在抗击新冠肺炎疫情最困难的时刻，国际社会给予的宝贵支持和帮助。

山川异域，风月同天。

在中国国内疫情防控形势趋好、趋稳的情况下，中国人民"投我以木桃，报之以琼瑶"，第一时间就尽全力向国际社会伸出援手，向战"疫"吃紧的国家和地区提供物资援助，分享防控经验，加强疫苗研发合作，结成抗击疫情的命运共同体，为全球抗疫贡献宝贵经验，构筑起坚实有力的暖心防线。

骤然打响的共同"战疫"

2020年1月20日，离中国传统节日春节只有5天时间。

这一天，2666名来自世界各地的乘客满怀激动的心情登上"钻石公主"号豪华邮轮，从日本横滨港扬帆起航。但没有人会想到，3天之后，这艘极尽奢华的邮轮将因为无法靠岸，变成"孤岛"。

2月1日,"钻石公主"号紧急返航,两天后回到横滨港,邮轮上的游客接下来要做的不是回家,而是原地隔离。

截至2月19日晚,邮轮上新冠肺炎感染确诊病例从刚开始的1人迅速增至621人。

突如其来的疫情,中断了美好的旅行。2000多名旅客和1045名船员,来自50多个国家和地区,就此命运相连。

2020年年初,新冠肺炎疫情在全球爆发。只用了不到两个月时间,全球确诊病例就超过了2000万,多个国家进入紧急状态。

2019年年末,武汉发现新冠肺炎疫情迹象。2019年12月31日,国家卫健委工作组和专家组抵达武汉。3天之后,中国开始定期向世界卫生组织、有关国家和地区组织,及时主动通报疫情信息和防控举措。

1月20日,习近平主席对疫情防控做出重要指示,其中强调,要深化国际合作。1月25日召开的中央政治局常委会会议要求,加强合作,全力应对,共同维护地区和全球卫生安全。

中国应对疫情反应之快、力度之大,向国际社会分享疫情信息之迅速,为阻滞疫情的早期蔓延提供了可能。

2月15日,第56届慕尼黑安全会议召开,世界卫生组织总干事谭德塞在会上讲话。谭德塞表示:"中国采取的从源头上控制新冠肺炎疫情的措施令人鼓舞,尽管这些措施让中国付出了很大代价,但为世界争取了时间,减缓了病毒向世界其他地方传播的速度。"

美国生态健康联盟主席彼得·达萨克评价说:"从疫情暴发到发现病毒、识别病毒,再到研究出病毒基因序列,并分享给全世界,中国只用了两周时间。这是史无前例的,让人难以置信的高效。"

人类历史上曾经多次发生广泛蔓延的重大传染性疾病,不仅危害人类生命与健康,还深刻影响全球的政治、经济、社会、文化等各方面。而中国,

世界不会忘记

在应对新冠肺炎疫情之初，就秉持人类命运共同体理念和开放合作态度，将疫情防控放在全球格局下考量，积极担负起维护全球公共卫生安全的责任。

病毒没有国界，重大传染性疾病是全人类共同的敌人，疫情之下，没有人能独善其身。

从 2020 年 1 月 13 日开始，泰国、日本、韩国、新加坡、法国、美国等多个国家相继向世卫组织报告首例新冠肺炎确诊病例。

遗憾的是，虽然中国最早也最快向国际社会通报分享了疫情信息，但由于一些国家重视程度不够，疫情不但没有在这些国家得到阻滞，却加速蔓延，造成了一发而不可收拾的失控局面。

病毒对人类进行的是无差别攻击，它不区分国别、地域、种族。

"新冠肺炎大流行正在加速发展。" 世界卫生组织总干事谭德塞 2020 年 2 月 23 日说。这距离世卫组织宣布新冠肺炎疫情从特征上可称为大流行还不到两周时间。

正如谭得塞所言，疫情加速扩散，全球确诊病例统计曲线陡然上扬。

从确诊首例到全球病例数量达到 10 万经过了 67 天，达到第二个 10 万只有 11 天，第三个 10 万才 4 天；仅过 2 天，就从 30 万迅速增至 40 万例。 美国约翰斯·霍普金斯大学发布的数据显示，截至北京时间 2020 年 2 月 27 日，全球确诊病例达到 510108 例，死亡病例达 22993 例，全球已有 30 多个国家暴发了新冠肺炎疫情……

共同威胁，需要共同应对

面对突如其来的严重危机，人类又一次站在了何去何从的十字路口。坚持科学理性还是制造政治分歧？加强团结合作还是寻求脱钩孤立？推进多边协调还是奉行单边主义？

……

一个个严峻而现实的问题，迫切需要各个国家做出回答。

中国主张，各国应为全人类前途命运和子孙后代福祉做出正确选择，秉持人类命运共同体理念，齐心协力、守望相助、携手应对，坚决遏制疫情蔓延势头，打赢疫情防控全球阻击战，护佑世界和人民康宁。

疫情发生以来，中国始终同国际社会开展交流合作，加强高层沟通，分享疫情信息，开展科研合作，力所能及为国际组织和其他国家提供援助，为全球抗疫贡献中国智慧、中国力量。中国共产党向110多个国家的240个政党发出共同呼吁，呼吁各方以人类安全健康为重，秉持人类命运共同体理念，携手加强国际抗疫合作。

中国的战"疫"国际合作，与自身的抗疫斗争同步展开。

进入2月，中国疫情防控的人民战争，总体战、阻击战已全面打响。正处于疫情较量的最艰难阶段，习近平主席在指挥部署国内抗疫斗争的同时，先后与50多位外国领导人和国际组织负责人通话或见面，向他们介绍中国抗疫努力和成效，阐明中国始终本着公开、透明、负责任的态度，及时发布疫情信息，分享防控和救治经验；阐明中国对其他国家遭受的疫情和困难感同身受，积极提供力所能及的帮助；呼吁各方树立人类命运共同体意识，加强双边和多边合作，支持国际组织发挥作用，携手应对疫情挑战。

新冠肺炎疫情突如其来，给全球公共卫生安全带来巨大挑战，给世界经济前景蒙上阴影，人类社会正在面对一个新的共同威胁！

共同威胁，需要共同应对。

一场疫情防控全球阻击战打响了……

2020年3月26日，二十国集团（以下简称G20）领导人应对新冠肺炎特别峰会举行。这是G20历史上首次举行领导人视频峰会，也是自疫情暴发后，中国国家主席习近

时间都去哪儿了

世界不会忘记

平出席的首场重大多边活动。

"**当前，国际社会最需要的是坚定信心、齐心协力、团结应对，全面加强国际合作，凝聚起战胜疫情强大合力，携手赢得这场人类同重大传染性疾病的斗争。**"

习近平主席在峰会上发表的讲话，秉持人类命运共同体理念，结合中国抗击疫情实践经验，就加强疫情防控国际合作、稳定世界经济提出了一系列重要主张，发挥了重要引领作用。

2020年5月18日，第73届世界卫生大会视频会议召开，中国国家主席习近平在开幕式上发表题为《团结合作战胜疫情，共同构建人类卫生健康共同体》的致辞，再次阐释中国倡议，并宣布了中国致力于推进全球抗疫合作的五大举措。同时，宣布两年内提供20亿美元国际援助、与联合国合作在华设立全球人道主义应急仓库和枢纽、建立30个中非对口医院合作机制、中国新冠疫苗研发完成并投入使用后将作为全球公共产品、同G20成员一道落实"暂缓最贫困国家债务偿付倡议"等中国支持全球抗疫的一系列重大举措。

关键时刻的中国行动，为全球抗疫阻击战注入强大信心；关键时刻的中国担当，必将凝聚起战胜疫情、共克时艰的强大合力；关键时刻的中国力量，与世界人民共同谱写构建人类命运共同体的新篇章。

当一场百年不遇的重大疫情突然出现时，与世界命运与共、携手抗疫，是中国人民发自内心的坚定选择。

中国担当，向世界传递爱与温暖

中国的担当，更在于兼济天下。

中国在做好国内防控工作的同时，积极开展国际合作，与各国携手打造人类卫生健康共同体，以实际行动为全球抗疫传递信心和力量。

疫情发生后，中国第一时间向世界卫生组织、有关国家和地区组织主动通报疫情信息，分享新冠病毒全基因组序列信息和新冠病毒核酸检测引物探针序列信息，定期向世界卫生组织和有关国家通报疫情信息。

中国与东盟、欧盟、非盟、亚太经合组织、加共体、上海合作组织等国际和地区组织，以及韩国、日本、俄罗斯、美国、德国等国家，开展70多次疫情防控交流活动。

国家卫生健康委汇编诊疗和防控方案并翻译成3个语种，分享给全球180多个国家、10多个国际和地区组织参照使用，并与世界卫生组织联合举办"新冠肺炎防治中国经验国际通报会"。

抗疫期间，国务院新闻办公室在武汉举行两场英文专题发布会，邀请相关专家和一线医护人员介绍中国抗疫经验和做法。

中国媒体开设"全球疫情会诊室""全球抗疫中国方案"等栏目，为各国开展交流搭建平台。

中国智库和专家通过多种方式开展对外交流。

中国—世界卫生组织联合专家考察组实地考察调研北京、成都、广州、深圳和武汉等地一线疫情防控工作，高度评价中国抗疫的努力和成效。

一件件实实在在的举措，是中国对全球防控疫情做出的重大贡献，体现了中国以人类共同利益为重的价值追求。一个自强感恩的民族，有力量，有朋友，有未来。

2020年3月11日，世界卫生组织总干事谭德塞在日内瓦总部宣布，新冠肺炎疫情已具有大流行特征。大流行，原是世卫组织对流感的定级之一，它曾将流感分为6级，其中最高的就是大流行，表明病毒正在跨国蔓延。

为应对新冠肺炎疫情，全球先后有许多国家和地区宣布进入紧急状态，学校停课，公共场所关门，娱乐活动取消，体育赛事推迟，东京奥运会被推迟到2021年举行，世界多地的旅行、交流、贸易，按下"暂停键"。世界正面临着前所未有的巨大考验。

进入2020年3月,中国自身的疫情防控仍然面临着巨大压力,但此时的中国,已展开越来越多的援助行动,表达命运与共的天下情怀,回馈"山川异域、风月同天"的深情厚谊。

2020年3月12日晚,国家主席习近平应约同联合国秘书长古特雷斯通电话。习近平主席指出,中方愿同有关国家分享防控经验,开展药物和疫苗联合研发,并正在向出现疫情扩散的一些国家提供力所能及的援助。中方支持联合国和世卫组织,动员国际社会加强政策协调,加大资源投入,特别是帮助公共卫生体系薄弱的发展中国家做好防范和应对准备。中国已经宣布向世卫组织捐款2000万美元,支持世卫组织开展抗击疫情的国际行动。

4月23日外交部发言人在例行记者会上宣布,中方决定在前期向世卫组织捐款2000万美元现汇基础上,增加3000万美元现汇捐款,用于新冠肺炎疫情防控、支持发展中国家卫生体系建设等工作。

彼时,新冠肺炎疫情正在全球加速蔓延,国际社会需要携手面对这一全人类的共同危机。

2020年3月26日晚,习近平主席出席G20领导人特别峰会并发表讲话,介绍中国抗疫经验,提出坚决打好新冠肺炎疫情防控全球阻击战、有效开展国际联防联控、积极支持国际组织发挥作用、加强国际宏观经济政策协调4点主张和系列合作倡议,呼吁国际社会直面挑战、迅速行动。

习近平主席还向多个疫情严重国家和地区的领导人发去慰问电。他一再指出,中方秉持人类命运共同体理念,愿向对方提供力所能及的帮助,愿与对方团结合作、共战疫情。

实实在在的援助,从中国出发,抵达世界各地。

疫情在全球迅速蔓延……

截至北京时间2020年3月12日17时,中国以外受疫情影响的国家和地区已达到 117 个。其中，意大利、塞尔维亚、伊朗等疫情严重的国家纷纷向国际社会发出求助。

面对这些国家的求助，中国各省市专家团队、中国政府机构、民间组织和个人，纷纷火线支援，用"中国温度"温暖世界！

疫情面前，没有一个人是一座孤岛，只有世界各国休戚与共，守望相助，才能最终战胜疫情。

意大利是全球疫情最为严重的国家之一。

2020 年 3 月 10 日，意大利确认相关肺炎病例超过 1 万例。

2020 年 3 月 12 日，抵达罗马的中方医疗专家组是中国援意的第一支队伍，一起抵达的还有中方捐助的 31 吨医疗物资，包括 ICU 病房设备、医疗防护用品、抗病毒药剂、普通健康人血浆以及新冠康复者血浆等。中国首批援意医疗专家组领队、中国红十字会副会长孙硕鹏说，中国有一个应对这次疫情防控的方案，还有诊疗的目录方案，都翻译成了不同的文字，希望对意方也有帮助。

出征意大利的第一批医疗团队主要来自四川，这个背后还有一份两国人民间的特殊情感。

2008 年汶川大地震发生后，一支 14 人的意大利医疗队第一时间赶到绵竹，并长期驻扎，挽救了数百名伤者的生命。这份情谊让很多人至今难忘。意大利的疫情暴发以后，多名四川医疗专家主动请缨援意。抵达意大利后，中国医疗队和当地医院疾控人员开展广泛交流，向他们介绍自己积累的经验。

随着时间的推移，意大利的疫情愈演愈烈，意方再次向中国求助。

3 月 16 日，国家主席习近平应约同意大利总理孔特通电话。习近平主席说，我们将急意方之所急，向意方增派医疗专家组，并尽力提供医疗物资等方面的援助。中方愿同意方一道，为抗击疫情国际合作，打造"健康丝绸之路"做出贡献。

世界不会忘记

两国领导人通话的两天后，来自中国的第二批专家组一行13人，携带17.3吨物资，抵达意大利伦巴第大区首府米兰，这也是意大利疫情最为严重的地区之一。专家团队与当地红十字会以及疾控官员、医疗团队进行交流，深入了解疫情防控的相关情况；介绍中国康复者血浆用于临床治疗方面的经验，包括康复者献浆的动员，血浆的检测和病毒灭活，如何保证血浆的安全性和有效性，以及在临床治疗应用方面的经验等。

中国的及时援助，感动着意大利民众。意大利第二大报把推特账号背景图换成了中国医务人员形象来感谢中国驰援。

伙伴的意义和价值，不仅在于顺境中共襄盛举，更在于逆境时携手前行。

当地时间2020年3月15日，塞尔维亚总统武契奇宣布塞尔维亚进入紧急状态，并在公开发言中表示：**目前能够并且唯一向塞尔维亚伸出援手的只有中国。**

塞尔维亚疫情严峻，亟须援助，他们将希望寄托在中国。

武契奇说："希望能得到中国的全部帮助，并且急切地希望中国能够派医疗队到塞尔维亚援助。" 正所谓男儿有泪不轻弹，只是未到伤心处。视频中的武契奇焦灼哽咽，再一次证明了塞尔维亚情况的危急。

当地时间3月21日晚，夜幕中的贝尔格莱德国际机场，中国援助塞尔维亚的6人医疗专家组，携带十几吨医疗物资抵达贝尔格莱德。塞尔维亚总统武契奇亲自到机场迎接，他与中国医疗队员一一"碰肘"，表示热烈欢迎和由衷感谢。

在现场，还有这样一个细节，飞机舷梯旁，两国国旗各有一角被系在一起，武契奇捧起五星红旗，献上深情一吻。

法国也是新冠肺炎疫情最为严重的国家之一。

当地时间2020年3月18日，中国援助法国的医疗物资运抵巴黎。

在这批物资上，都印有中国艺术家专门设计的印章，印章上，北京天坛和巴黎铁塔相互辉映。

"千里同好,坚于金石",则是对中法两国友谊的形象概括,艺术的感染力,国际共通;携手战"疫"的信念,两国共鸣。

3月23日晚上,国家主席习近平同法国总统马克龙通电话,这是疫情暴发之后两国元首的第3次通话,体现出两个大国之间的高度互信。大疫当前,法国支援中国,中国支援法国,两国共同推动有关各方加强在联合国、G20等框架下协调合作。

中俄关系,正处于历史最好时期,这也反映在两国战"疫"的相互帮助上。当地时间2020年4月11日,中国政府赴俄罗斯抗疫医疗专家组抵达莫斯科。

中国专家组来到莫斯科新冠肺炎主要收治医院和检测实验室,交流分享经验,提供指导培训,还通过视频连线,向俄罗斯更多的医疗机构介绍新冠肺炎的临床症状、诊断标准、治疗原则。2018年,金砖国家已就研发和接种疫苗等卫生领域合作达成共识,这次中俄两国合作抗疫,也是金砖国家合作机制的一次实战。

2021年5月10日,在老挝万象瓦岱国际机场,老挝工作人员正在卸载并装运中方援助物资。中国政府紧急援助老挝的抗击新冠肺炎物资今天由包机运抵万象。

2021年4月中旬以来,老挝本土疫情急剧扩散,防控形势趋紧。5月10日交接的中方援助物资主要包括呼吸机、全自动核酸提取仪、口罩、移动式病床、自动高压灭菌器、核酸提取或纯化试剂以及核酸检测试剂盒等。

这是疫情发生以来中国对老挝进行的第三批援助。此前,中国已两次派专机向老挝援助核酸检测试剂盒、防护服、呼吸机、监护仪等抗疫物资,并派遣抗疫专家,以解老挝燃眉之急。

亚洲、非洲和拉美地区发展中国家特别是非洲国家,公共卫生体系薄弱,难以独立应对疫情带来的严峻挑战,帮助他们提升疫情防控能力和水平是全

世界不会忘记

球抗疫的重中之重。

中国在及时向疫情严重的国家伸出援助之手的同时，时刻关注着那些应对疫情能力薄弱的国家和地区，及时向他们提供全力帮助。

新冠肺炎疫情也蔓延到了非洲。截至2020年4月底，非洲各国已报告了近3万例确诊病例。非洲的卫生、医疗条件相对落后，中国一直关注着非洲的疫情发展，并在第一时间给予帮助。4月15日，两支各由12人组成的中国抗疫医疗专家组分别从成都和天津出发，飞赴埃塞俄比亚和布基纳法索。

面对新冠肺炎疫情在非洲蔓延的严峻形势，中资企业在统筹做好自身疫情防控的同时，秉持人类命运共同体理念，积极帮助非洲国家改建新冠肺炎收治定点医院，再现"中国速度"，为非洲国家抗疫发挥了积极作用。

2020年3月初，津巴布韦政府指定威尔金斯医院为首都哈拉雷新冠肺炎定点收治医院。由于之前缺乏维护，威尔金斯医院设施老化，医院已不具备隔离条件。迟纳奇在威尔金斯医院传染病科工作，参与了威尔金斯医院第一例新冠肺炎确诊病例的诊治工作。他说，当时医院设施陈旧，医生们时常感到手足无措，他还曾因为焦虑在医院走廊里流下眼泪。

得知这一情况后，中国企业迅速启动修缮改造工程。据威尔金斯医院承建方之一、津安公司执行董事周学恭介绍，项目启动后，施工队伍便日夜不停地赶工，只用10天便完成了整个医院的升级改造。于是，当地人把威尔金斯医院称为"津巴布韦的火神山医院"。

哈拉雷市副市长埃诺克表示："威尔金斯医院改造项目在如此短的时间内完工，为我们战胜疫情增强了信心。为'中国速度'点赞！"埃诺克强调，医院升级改造后，基础设施和诊治条件都得到了大幅提升，这将大大提高该国诊疗新冠肺炎的能力。

迟纳奇说："中国企业迅速升级了医院，中国援津医疗队还为我们进行了针对性培训。在崭新的医院里工作，我再也不焦虑了。"

抗击新冠肺炎：
全球战"疫"，有一种温暖叫"中国援助"

"在中国企业帮助下，我们有了重症监护室、呼吸机，我们可以挽救更多生命！" 哈拉雷市卫生局局长普洛斯珀·崇齐在视察威尔金斯医院时欣慰地说。

中非友谊源远流长。

中国向非洲国家派遣援外医疗队有58年的历史，现在仍有近千名医疗队员长期在非洲工作。新冠肺炎疫情发生后，中国政府指导各医疗队积极支持驻在国开展疫情防控，开展各类培训和健康教育活动200多场，培训1万多人。

截至2020年5月31日，中国共向27个国家派出29支医疗专家组，向150个国家和4个国际组织提供抗疫援助；指导长期派驻在56个国家的援外医疗队协助驻在国开展疫情防控工作，向驻在国民众和华人华侨提供技术咨询和健康教育，举办线上线下培训400余场；地方政府、企业和民间机构、个人通过各种渠道，向150多个国家、地区和国际组织捐赠抗疫物资。

在及时提供援助的同时，中国还呼吁联合国、世界卫生组织、国际货币基金组织、世界银行等多边机构，向非洲国家提供必要的紧急援助；发达国家向发展中国家特别是非洲国家提供更多物资、技术、人力支持，在全球抗疫中担负更多责任、发挥更大作用。中国积极参与并落实G20缓债倡议，宣布对77个有关发展中国家暂停债务偿还。在向50多个非洲国家和非盟交付医疗援助物资、派出7个医疗专家组的基础上，中国进一步加大援非抗疫力度，继续向非洲国家提供力所能及的支持，援助急需医疗物资，开展医疗技术合作，派遣更多医疗专家组和工作组，帮助非洲国家提升疫情防控能力和水平。

除了"医疗队"外，中国民间组织和个人也都积极捐赠物资，回馈他国帮助。

2020年3月18日，一场特别的视频会议在江苏南京的中大医院里举行，影像与介入医学专家滕皋军教授正带领团队与巴基斯坦、伊拉克、西班牙、英国、希腊、黎巴嫩、美国7国医疗专家分享治疗新冠肺炎的中国经验。

"我们希望我们走过的弯路别人别走，我们希望我们取得的经验，让他们共同分享。"

世界不会忘记

在更早的 3 月 12 日,一场规模更大的防治新冠肺炎中国经验国际通报会在北京举行。

这场通报会,由中国国家卫健委和世界卫生组织联合举办。

中国专家同与会的近 60 个国家和国际组织全面阐述了中国防控疫情措施、成效和经验;上海、湖北、四川、广东 4 个省市连线,介绍各地防治经验和案例。

有分享之心,便会有分享之策。这是中央广播电视总台开办的一档特别节目——全球疫情会诊室。

节目多次邀请中外抗疫一线的医务人员和专家通过视频连线方式进行交流,分享中国抗疫经验。

国家卫健委建立了国际合作专家库,钟南山院士等专家也多次应邀参加世界卫生组织等机构组织的在线交流合作。

在 2020 年 3 月至 4 月间,习近平主席同外国领导人、国际或地区组织领导人通电话、会谈或向他们致慰问电、复信等数十次,介绍中国经验做法。

中国行动,打动了世界,温暖了人心,收获了真情。

法国前总理拉法兰说,法国有句谚语,"困厄之际的朋友才是真朋友"。在全球应对新冠肺炎疫情的过程中,中国充分开展国际合作,向法国等国家提供医疗物资援助,积极分享抗疫经验,充分展现了大国担当。

滴水之恩,涌泉相报

哪些国家获得了来自中国的援助,为什么中国选择帮助他们?

对此,国家国际发展合作署副署长邓波清也给出了官方的回应。中国会否援外抗疫,主要根据当地医疗卫生条件、物资缺乏情况和当地提出的具体援助需要来判定。中方本着量力而行、尽力而为原则开展对外援助。具体的援助物资品种、数量、双方人员职责等,由两国政府商讨确定。

"滴水之恩当涌泉相报,中国疫情严重之时,外国对中国的援助、政治支持,我们时刻铭记在心。"邓波清说。

正如邓波清所言,中国人民是懂得感恩的。"你敬我一尺、我敬你一丈",就是说你对我好,我定会对你更好。这样交往的友谊才能日益深厚,天长地久。

在中国抗击疫情艰难之时,世界上很多国家和民众伸出了援助之手,向中国赠送防疫物资。而当其他国家陷入疫情时,中国多地开启回赠活动。

此前,中国疫情严峻时,日本丰川市曾捐给无锡市新吴区4500只口罩及防护服等物资。日本疫情严重时,丰川市市长竹本幸夫曾在接受采访时无奈表示,"听说无锡方面的疫情已经基本控制,所以正在跟无锡方面沟通,如果口罩还有剩下的,可不可以退回来,我们真的没有库存了"。

2020年3月23日,丰川市市长的求助信号一经发出,无锡市新吴区立刻筹措了5万只口罩进行反向捐赠,3月24日即由快递公司分批寄向日本。

在口罩的外包装上还写着:"一衣带水,源远流长;隔海相望,樱花满开;众志成城,战疫必胜。"

收到4500只口罩,无锡却以10倍回赠。中国驻日本大使馆也在推特上第一时间为无锡点赞!

中国驻韩国大使邢海明2020年3月6日约见韩国外交部次官补金健,奉命通报中国政府决定向韩方提供一批物资援助,包括10万只N95口罩、100万只医用外科口罩、1万套医用防护服,还计划向韩方提供5万人份检测试剂,以支持韩国政府和人民抗击新冠肺炎疫情。

无独有偶,2020年3月3日,韩国釜山市政府收到友好城市上海市捐赠的7万只口罩,包括普通口罩4.6万只、医用口罩2.4万只。釜山市收到口罩后,很快把这批口罩送给社会弱势群体和医疗界。而就在2月,釜山市曾向上海市捐赠了一批口罩、防护服等医疗物资。

而在韩国仁川市,2月12日该市向友好城市中国威海捐赠2万只口罩后,

世界不会忘记

威海市3月3日即回赠了20万只一次性口罩并发去感谢信。威海市在信中表示，感谢仁川市的声援与帮助，希望能为仁川提供绵薄之力，祝愿两市间的友谊更加巩固。仁川市表示，将把威海市提供的口罩优先分配给环卫人员、农畜水产从业人员、市政府保安人员等。

日本冈山市曾向河南洛阳市捐赠2万只N95口罩以及2000只防护口罩，韩国光州广域市向洛阳市捐赠5000只KF94口罩，韩国扶余郡向洛阳市捐赠2000只防护口罩。在获悉日本冈山市、韩国光州广域市疫情较为严重后，洛阳市决定向友好城市捐赠口罩，为当地抗击疫情助一臂之力。

2020年3月20日、21日，洛阳市驰援友好城市日本冈山市的3万只口罩、韩国光州广域市的1万只口罩通过中国邮政快递分别发往日本、韩国。

2020年2月初，日本兵库县知事井户敏三致函海南省表示慰问和关心，兵库县政府捐赠10.8万只口罩支持海南防控疫情。韩国济州道政府向海南省捐赠了2.5万只医用口罩。

3月18日，海南省陆续向友城日本兵库县和韩国济州道回赠了20万只医用口罩，两地各10万只。

2020年2月14日，塞尔维亚总理布尔纳比奇向中国驻塞尔维亚大使陈波转达她对李克强总理的真诚问候，并请其转交慰问信。她代表塞政府以及她个人名义，向因疫情去世的逝者家属致以深切哀悼。为支持中国抗击疫情，塞政府决定向中方提供援助，为中方的防控工作尽绵薄之力。

而当塞尔维亚面对疫情肆虐之际，来自中国的援助已经到位。中国专家组两次受邀参加了塞国家防控指挥部会议，塞方高度评价专家组的学识和专业能力，并根据中方的意见调整和明确了防控、治疗工作方向。

塞尔维亚国防部当时也表示，在中国专家组建议下，塞尔维亚把首都贝尔格莱德会展中心改建成一座方舱医院，用于收治新冠肺炎患者。

此前，在谈及巴基斯坦总统阿尔维访华时，外交部发言人耿爽曾直言："**此**

访彰显了中巴守望相助的优良传统。在疫情刚发生的时候，巴方就集全国之力向中国提供援助，我们对此铭记在心。中国人讲究滴水之恩涌泉相报。"

为支援中国抗疫，"巴铁"举全国之力，倾囊相助，援助全国医院库存的口罩；缅甸政府向中国提供大米；斯里兰卡提供了红茶；蒙古国捐赠了3万只羊，这一份份情谊令人动容。

而全力支持中国抗疫的巴基斯坦，此后几个月一直饱受蝗虫灾害。2020年3月9日，中方抗疫物资和首批救灾物资抵达卡拉奇，物资包括无偿援助的5万升马拉硫磷（50吨）、14台风送式高效远程喷雾机，以及12000支新冠肺炎试剂盒。

而在2021年2月初，中国又紧急调运1000支新冠肺炎试剂盒，缓解了巴基斯坦的燃眉之急。

在伊朗，2020年的疫情高峰时，政府结合中国医疗专家组分享的抗疫经验，推出社交疏远计划，采取限制跨市旅行的措施，禁止任何形式的聚会，关闭所有的公园、学校机构。

在老挝，正当疫情严重之时，一批批由中国援助的抗疫物资被分发到各大医疗机构和民众手中，一支由12人组成的中国抗疫医疗专家组与当地医护人员携手奋战在抗疫一线。

在沙特阿拉伯、科威特、委内瑞拉、柬埔寨等国的抗疫一线，都有中国医疗专家组的身影。他们带去中国经验、中国物资，也带去信心与温暖。

……

国与国并肩，民与民携手

共同战"疫"之际，中国很多普通人、企业、社会组织等，自发地向受疫情影响的世界各国和人民提供帮助，献上爱心。

世界不会忘记

2020年3月25日，由阿里巴巴公益基金会捐赠的两批抗疫物资分别运抵马来西亚吉隆坡和泰国曼谷，这些物资包括口罩、防护服、防护面罩，以及检测试剂盒等。

战"疫"以来，作为一家中国民间组织，阿里巴巴公益基金会已经向日本、韩国、伊朗、意大利、西班牙、美国，以及非洲、东南亚、拉美等70多个国家和地区捐赠医疗物资。为"一带一路"建设提供相应投融资服务的"中国丝路基金"也在全球抗疫中发挥着重要作用，先后向多个"一带一路"国家捐赠防疫物资。

一场普通的活动，一位普通的日本女孩儿，因为她的善举，而受到中国人的广泛关注。女孩名叫小美，她在2020年2月8日这天举办的东京灯会满月记活动中，上身穿中国旗袍，怀抱捐款箱，从早到晚向路人深深鞠躬，号召日本民众为武汉抗击新冠肺炎疫情捐款。小美表示，她小的时候曾跟随妈妈在中国生活过两个月，新冠肺炎疫情发生后，她感到很揪心，一直希望能为中国朋友做点什么。

大约20天之后，还是在日本东京，一名中国女孩儿走上街头，头戴玩偶头套，向路过的市民分发口罩，她手捧的纸箱上写着"来自武汉的报恩"的日语字样。

"当他们双手接过口罩，用中文跟我说'谢谢'，跟我说'加油'的时候，虽然我不太能够看得清外面，但在有限的视线范围内，我看到了世界对我的善意，我也希望我们彼此可以把善良继续下去，可以把对他人的帮助继续下去。"

关心、支持与感恩，在彼此的给予中相融，人类命运共同体的理念就深藏在两位普通女孩的投桃报李中。

中国援助，拯救生命

全球疫情暴发，中方设立了20亿元抗疫合作专项基金，先后向150多个国家和国际组织提供紧急援助，向27个国家派出29批医疗专家组，这是新中国成立以来援助时间最集中、涉及范围最广的一次紧急国际人道主义行动。中国汇编的诊疗和防控方案，分享给全球180多个国家、10多个国际和地区组织，同160多个国家和国际组织召开了120余场视频交流会议。

战"疫"之际，中国企业加紧复工复产、达产转产关键医疗防护物资的产能迅速提高，不仅支撑了中国国内所需，也给全球战疫提供了有力支持。

2020年3月1日至5月31日，中国向200个国家和地区出口防疫物资，其中口罩706亿只，防护服3.4亿套，护目镜1.15亿副，呼吸机9.67万台，检测试剂盒2.25亿人份，红外线测温仪4029万台。

从抗击传染病历史看，要想终止任何一种传染病在人间的传播，最终需要依靠的是疫苗。

疫苗是抗击病毒的利器，也是拯救生命的希望。中国秉持人类卫生健康共同体理念，积极促进全球疫苗公平可及。中国是目前向发展中国家提供疫苗最多的国家，已陆续向80多个发展中国家提供疫苗援助，向50多个国家出口疫苗。国际社会普遍认为，中国为促进疫苗在发展中国家的可及性和可负担性、消除"免疫鸿沟"以及推动国际抗疫合作做出了重要贡献。

"为全球疫苗库添砖加瓦"

世界卫生组织2020年5月7日宣布，由中国医药集团中国生物北京生物制品研究所研发的新冠灭活疫苗正式通过世卫组织紧急使用认证。世卫组织驻华代表高力表示，此举向世界传递了这样一个信息：**中国的疫苗质量有保证，使用安全，符合世卫组织的功效要求，并将成为抗击全球大流行疫情的重要工具。**

世界不会忘记

"我们期待着未来更多中国生产的疫苗且不仅仅是新冠病毒疫苗,都得到这样的认可。"高力表示,这标志着中国以其研发能力和生产能力以及为全球卫生事业做出巨大贡献的承诺,在全球公共卫生产品供应中的作用翻开了新的篇章。

中国目前还有多个新冠病毒疫苗处于研发后期。

高力说:**"今天的里程碑式的成就,将会激励其他生产商追随其步伐,为全球疫苗库添砖加瓦,也将激励中国为全球疫苗供应和疫苗公平做出更大的贡献。"**

非洲疾控中心副主任艾哈迈德·奥格韦尔表示,**中国国药新冠疫苗获得世卫组织紧急使用认证,对于遭遇疫情重创的国家和人民来说是一个好消息,对于世卫组织主导的"新冠肺炎疫苗实施计划"和疫苗短缺的国家,又多了一个选择**。非洲疾控中心将继续与包括中国国药在内的疫苗生产商密切合作,确保非洲能获得安全、有效和负担得起的疫苗,以达到使非洲至少60%人口接种新冠疫苗的目标。

赞比亚卫生部部长乔纳斯·昌达表示,**中国国药新冠疫苗已被证明是一款安全有效的疫苗。赞政府将考虑引进国药新冠疫苗,以确保更多民众能够接种。**

埃及卫生与人口部部长哈拉·扎耶德5月9日表示,**埃及同中国科兴公司合作在埃及生产的新冠疫苗将于6月面世**。该疫苗将首先用来保证本土需求,剩余部分将出口到非洲其他国家。扎耶德对中国政府向埃及提供的支持表示感谢,称这使得埃及成为非洲首个拥有疫苗生产能力的国家。

印度尼西亚药品食品监督管理局近日宣布,**授予中国国药集团中国生物北京生物制品研究所研发的新冠疫苗紧急使用许可**。该疫苗将被用于印尼的"互助疫苗接种计划"。

印尼药品食品监督管理局局长彭妮·卢基托说,**中国国药集团这款新冠**

疫苗安全性良好，中和抗体血清转化率高。

"中国新冠疫苗科学有效"

北马其顿总理扎埃夫2020年5月6日在斯科普里体育馆疫苗接种中心，接种首剂由中国国药集团生产的新冠疫苗，随后前往桑丹斯基医院新冠疫苗接种点，考察中国疫苗的接种情况。他表示，北马其顿衷心感谢中方在抗疫领域给予的大力支持和帮助。中国疫苗及时运抵北马，推动大规模接种顺利展开。中国疫苗安全，经过检验和验证，越早完成疫苗接种，疫情就能越早结束。在中国—中东欧国家合作框架下，北马方与中方高层始终保持密切交往，有力促进了疫苗合作。北马方愿同中方继续合作，早日战胜疫情。

波黑塞族共和国从中国国药集团购买的新冠疫苗5月5日下午抵达首府巴尼亚卢卡。波黑主席团轮值主席多迪克、塞族共和国总理维什科维奇前往迎接，并表达了对中方的感谢，称赞中国疫苗到达及时。

多米尼加总统阿比纳德尔5月5日接种了第一剂中国科兴新冠疫苗。他号召本国所有适龄人群接种新冠疫苗，以加快恢复正常生活状态。同日，第4批中国新冠疫苗运抵多首都圣多明各。多米尼加副总统培尼亚赴机场迎接。他说，这是迄今运抵多米尼加数量最多的一批新冠疫苗，为多政府继续推进接种计划起到巨大推动作用。

塞尔维亚总统武契奇在塞南部多列瓦茨市普科瓦茨村卫生防疫站，接种了第二剂中国国药集团生产的新冠疫苗。他在接种后说，非常感谢中国政府和人民的巨大支持和帮助，感谢中国提供的新冠疫苗。他表示，希望加强塞尔维亚和中国在疫苗制造和基因测序方面的合作。截至2021年4月27日，塞尔维亚共收到5批中国国药新冠疫苗。

津巴布韦总统姆南加古瓦在奎奎市的一家医院，接种第二剂中国科兴公司生产的新冠疫苗。姆南加古瓦接种后在社交媒体上发布了自己接种的照片，呼吁津民众积极接种疫苗，并表示"中国新冠疫苗科学有效，接种疫苗是对

世界不会忘记

抗新冠疫情的利器"。

……

"彰显负责任大国担当"

中国政府援助博茨瓦纳的新冠疫苗，运抵博首都哈博罗内。博总统事务部部长莫尔瓦恩表示，中方不远万里向博方援助疫苗，是两国亲密友好关系的有力证明。疫情防控期间，中方一直以各种方式对博方抗疫给予大力支持，博方对中国政府和人民深怀感激，并期待与中方共同推动双边关系进一步深入发展，更好地造福两国人民。

中国政府援助约旦的中国国药集团新冠疫苗，运抵约首都安曼。约旦卫生大臣菲拉斯·哈瓦里表示，中国疫苗在全球得到广泛使用，证明了其良好的有效性和安全性。他本人也接种了中国国药集团新冠疫苗。中国疫苗是约旦抗击疫情的"宝贵财富"，期待两国合作不断加深。

中国政府援助几内亚政府第二批新冠疫苗，运抵几首都科纳克里。几外交部部长卡巴赴机场出席交接仪式，表示"中方连续向几提供宝贵疫苗援助，彰显负责任大国担当"。他期待继续加强两国抗疫合作，携手战胜疫情。

中国政府援助叙利亚的新冠疫苗，运抵叙首都大马士革。叙卫生部部长哈桑·加巴什说，疫苗援助有助于保障叙人民的疫苗接种进程。

中国政府援助多哥的新冠疫苗，运抵多首都洛美。多卫生部部长米吉亚瓦表示，中方向多方援助新冠疫苗，在关键时刻为多政府抗击疫情提供了有力支持。

……

心灵相通，才能感受温暖

从国家最高领导人到普通民众，从政府到企业，从关键医疗物资到救治防控经验，中国给世界的帮助，多层次、全方位，真诚质朴，温暖世界。

这是危难之际最实在、最坚定的命运与共，心相通的人们都能感受到这份温度与力量。

巴基斯坦总统阿里夫·阿尔维说："在中国朋友的帮助下，巴基斯坦借助中国现有的技术手段，努力应对疫情，相信最终会控制住病毒蔓延。"

伊朗总统鲁哈尼说："我认为中国政府对中国人民以及全世界人民都承担起了责任。"

捷克总统米洛什·泽曼说："我想感谢中华人民共和国，因为中国是唯一一个向捷克提供这些医疗物资的国家。"

美国纽约州州长科莫说："我有一个好消息，中国政府促成了一项对纽约州捐赠1000台呼吸机的援助，今天它们就会被运到肯尼迪机场。"

菲律宾外交部部长洛钦说："这是来自中国的巨大帮助，这是世界其他国家应该效仿的榜样，不应该因为发生的事情而互相指责，而是应该一起努力互相帮助，这就是例证。"

面对中国的"雪中送炭"，很多国家表示由衷的感谢和赞赏，但也有一些国家非但不知感恩，反而对中国支援全球抗疫妄加揣度，说三道四。尤其是美国的一些政客几近疯狂地对中国进行抹黑，诬指中国提供抗疫援助是"为了提升地缘政治影响力，是为了争夺世界领导权"。

君子坦荡荡，小人长戚戚。

中国的抗疫援助始终是基于自身的大国责任担当，始终是为了挽救更多人类生命、尽快恢复正常的世界经济活动，也始终坚定地支持联合国和世界卫生组织发挥全球抗疫领导和统筹作用。反倒是听任国内疫情演变成一场灾难的美国政府，手里摇晃着永远不会兑现的空头支票，口口声声宣称自己在领导世界各国抗疫，实际上却无所作为，还四处添乱。这也难怪，就连美国的媒体、专家都看不下去而纷纷驳斥，更引起包括其盟友在内的世界人民的耻笑。面对他国救人于危难的急公好义之举，唯有内心阴暗的人，才会恶意揣度助人抗疫是要夺取什么"领导权"，为的会是一己私利！

中国方案，中国智慧

全球战"疫"在艰难中推进，不知不觉间已是一年半过去，又一个夏天来临了。但温暖的夏日并没有驱散疫情给人带来的寒意。

目前，新冠肺炎疫情仍在蔓延肆虐，在印度等国甚至持续崩溃式暴发，巴西、美国等疫情特别严重的国家并没有明显好转；而日本、欧洲主要国家疫情稍有好转后又出现反弹。全球经济社会持续被疫情影响裹挟，风雨中的航船何时靠岸仍没有明确的时间。

"前所未有的新冠肺炎大流行深刻表明全球的紧密联系及脆弱性。"

2020年召开的G20领导人应对新冠肺炎特别峰会声明以这一判断开头。

面对百年大疫，地球村有一万个理由要紧密团结在一起，没有一个理由独自应战，独善其身。

重大传染病威胁，是人类面临的众多共同挑战之一。新冠肺炎疫情与百年未有之大变局的时代相互交织，其冲击已超出公共卫生危机，给全球经济、政治、民生、社会心理等多个领域带来重大冲击。

联合国秘书长古特雷斯在2020年曾表示，全球经济"几乎肯定"会发生衰退，并"有可能达到创纪录的规模"。他说，这场危机是一次"对整个人类社会的冲击"。

新冠肺炎疫情让人们再次认识到，今天的世界比以往任何时候都更需要有效、有序、有力的全球治理体系，加强全球治理、增进国际协调是当务之急。

在G20领导人特别峰会上，习近平主席呼吁各成员"采取共同举措，减免关税、取消壁垒、畅通贸易，发出有力信号，提振世界经济复苏士气"。

中国行动正在为世界注入信心。作为世界第二大经济体、全球产业链中不可或缺的重要环节，中国一手抓防疫，一手抓生产，坚持深化对外开放和国际合作，加强同经贸伙伴的沟通协调，优先保障在全球供应链中有重要影响的龙头企业和关键环节的生产供应，维护全球供应链稳定。

英国48家集团俱乐部主席斯蒂芬·佩里说，中国不仅积极帮助其他国家抗击疫情，还表达了继续扩大改革开放、为世界经济稳定做出贡献的承诺。这种合作和开放的态度，在未来应对全球性问题上也是各国应该坚持的方向。

中华民族历经磨难，但从未被压垮过，而是愈挫愈勇，不断在磨难中成长、从磨难中奋起。面对疫情，中国人民万众一心、众志成城，取得了抗击疫情重大战略成果。中国始终同各国紧紧站在一起，休戚与共，并肩战斗。

今日世界，传统安全与非传统安全相互交织，命运与共的精神内涵，比任何时候都更加真切。特别是随着全球化的发展，我们在看到很多问题，包括公共卫生安全问题的时候，更多要考虑到的是各国之间的利益是相连的、命运是相通的。中国从理念的层面，给了世界重新思考如何行动的一种启示。这是中国的智慧，也是中国的方案。

新冠肺炎疫情深刻影响人类发展进程，但人们对美好生活的向往和追求没有改变，和平发展、合作共赢的历史车轮依然滚滚向前。

没有一个冬天不可逾越，没有一个春天不会来临。

只要国际社会精诚团结，携手合作，共同变压力为动力，化危机为生机，人类就一定能战胜疫魔，共同谱写构建人类命运共同体的新篇章。

音乐欣赏

《愿世界和平安康》

坦赞铁路：
独一无二的援外中国样本

"Made in China"，这3个英文单词不用说，你肯定非常熟悉，它就是中国制造的意思。如今，中国制造已经遍及全世界，大到汽车，小到别针，可以说是无处不在。

这条铁路建于20世纪70年代，在万里之外的非洲，铁轨上跑的是"东方红"号机车，开车的黑人朋友至今还会唱一些中国的老歌。铁轨的枕木上，印着一个和"中国制造"十分相似的词："中华人民共和国制"。

这条铁路便是被誉为中非友谊象征的坦赞铁路。

坦赞铁路东起坦桑尼亚首都达累斯萨拉姆，西至赞比亚的卡波里姆波希，全长1860.5公里，是一条贯通中非和中南非的交通大动脉，也是迄今中国最大的援外成套项目之一。坦赞铁路的建成，为非洲国家打破种族隔离制度封锁，推进民族独立解放发挥了巨大作用，被非洲人民称为

世界不会忘记

"自由之路""友谊之路"。

从1968年5月，中国专家和工程技术人员开始在坦桑尼亚进行勘测设计，到1970年10月正式开工，再到1976年7月全部建成移交，坦赞铁路的修建，历时整整8年。而为了援建这条铁路，中国政府在国内经济极端困难的情况下，先后向坦赞两国提供了9.88亿元的长期无息贷款，不仅如此，还先后派出5万多人次的技术人员和施工人员。

那么，中国政府为什么要投入如此巨大的人力物力，帮助坦、赞两国修建这条铁路呢？这条友谊之路的建成究竟有着怎样非比寻常的意义呢？

一、坦赞求助

坦赞两国把援建铁路的希望全寄托在了中国

1964年，坦桑尼亚、赞比亚两国相继独立。刚刚独立的这两个国家，需要用经济上的独立来支持政治上的独立。

赞比亚蕴藏着丰富的铜矿，国内生产总值的一半就是依靠铜的出口。可是赞比亚是一个内陆国家，当时，东西南三面都是未独立的殖民地，殖民者控制着出海口，切断了铜矿贸易的线路。

铁路是任何一个国家进行基础建设不可或缺的条件，对于经济与社会的发展更是必不可少。赞比亚总统卡翁达在独立前就设想：要修建一条铁路把开采出来的铜矿石运出去。这条铁路始自赞比亚北部，经过新独立的邻国坦桑尼亚，最终到达印度洋。而赞比亚选择与坦桑尼亚一起修，不仅因为是邻居，还因为坦、赞两国政府在执政理念上有诸多相似之处。

坦桑尼亚总统尼雷尔对这条铁路也寄予厚望，认为"当铁路建成后，受益的不只是赞比亚，还有坦桑尼亚。不仅如此，整个非洲也将会因这条铁路而获益，因为铁路将增强自由的力量，非洲国家间的贸易将会变得更加便利"。

新独立的坦赞两国领导人多次呼吁两国人民团结一致，他们决定借着一条从坦桑尼亚到赞比亚的铁路，来打破帝国主义的封锁。

然而，当时的坦、赞两国一没钱，二没技术，三没人才，这样大的工程单靠它们自身的力量显然无法完成。

为解决面临的难题，坦赞两国开始四下求援。

尼雷尔总统找到卡翁达总统，商量去向世界银行提出贷款援助。可令他们没有想到的是，世界银行在经过一番研讨之后，得出了这样的结论：铁路沿线没有什么可开发的，修了铁路也没用，假如一意孤行的话，将是巨大的经济冒险。

在世界银行碰壁后，坦赞两国又向美、英等国寻求援助。

1964年，两国找到了英国，但因实力不济，英国迟迟不愿采取行动。

1965年9月，在美国的推动下，英国与加拿大同意各出资75000英镑，进行联合勘测，但话说出后再无下文。

坦、赞两国又直接向美国寻求帮助。1964年和1966年，尼雷尔两次正式向美国国际开发署提出申请，但美国以"没有充分的经济和技术理由支持修建这一项目"为由，回绝了尼雷尔的请求。

多次遭拒后，尼雷尔开始怀疑西方国家的真实动机："我一度跟西方世界的关系很好，那个时期认为它最讲道理。但在建设上我们得到了些什么呢？它们在援助别的国家进行建设的问题上是很少以慈悲为怀的。"

除了西方国家，尼雷尔还曾向苏联求援。

1964年8月，坦桑尼亚副总统卡瓦瓦向苏联提出援助请求。

1965年，尼雷尔亲赴苏联，向勃列日涅夫面陈坦赞铁路在政治和经济上的重要意义。但是，苏联以正帮埃及修阿斯旺大坝，无力相助，拒绝了他们。

世界不会忘记

屡屡求助无果之后,坦赞两国领导人把希望全部寄托在中国身上。

"我们援助了他们,也是援助了我们自己"

1965年年初的一天,一群坦桑尼亚人抵达了北京,他们是坦桑尼亚贸易代表团,带队的是商业合作部部长巴布。

贸易代表团抵达北京,是为不久后,坦桑尼亚总统尼雷尔的正式访华进行一些事宜的协商沟通。时任外交部西亚非洲司司长的何英负责接待他们。

在会谈当中,巴布提及了坦桑尼亚在修筑坦赞铁路上资金方面的困难。何英将会谈的情况写成了报告,呈交给了外交部,并且在报告当中写道:"**坦桑尼亚的领导人可能会以比较委婉的方式提出坦赞铁路的问题。**"

听到这一消息后,外交部立即向周恩来作汇报。周总理打电话找来时任外经委主任的方毅和铁道部部长吕正操,就这件事情征求他们的意见。

中南海西花厅里,周总理坐在灯下问道:"我们有没有可能帮助他们修建这条铁路?"

主管援外工作的方毅望了一阵天花板,估摸着说,这条铁路就按国内的建设费用来说,得十几亿元,如果设备也全都由我们提供,那么十几亿元也打不住。不如用这个数目的钱,陆续帮助更多非洲国家建小型项目。

周总理非常清楚,方毅的经济账算得没有错,他陷入了沉思。

当时,中国经济刚刚有所恢复,又面临着空前险恶的国际环境。**西方大国对中国实行经济上封锁、政治上孤立、军事上威胁的政策,中国迫切需要调整对外战略,实现主动出击、广交朋友的策略。** 而此时正值非洲殖民地独立浪潮,与新生的非洲国家打成一片,是那时中国外交的必然选择,也是周恩来所要考虑的重中之重。

歌曲《喜欢你》

周恩来对方毅说:"你说的也有道理,这确实超出了我们的国力。他同时算了笔账,"修这条 1000 多公里的铁路,从勘探到完成大约需要 10 年时间,如果不是一下子,而是分为几年一点一点拿出来,一年也就一亿多元。我国经济每年有所发展,这笔费用我们应该承担得起。"

见方毅依然紧蹙眉头,周恩来深入地谈着自己的看法:坦赞铁路对坦桑尼亚和赞比亚来说,不仅具有经济上的意义,更具有军事和政治上的意义。坦赞铁路所产生的影响是无法估量的,不是若干小项目可以比拟的。总之,坦赞铁路一定要修,至于由谁来修,可以是中国,也可以是其他国家,而我们出面修的话,可能对世界震动很大。周总理指出:"我们援助了他们,也是援助了我们自己。"

听了周恩来的话,方毅和吕正操当即明白,都说:"总理,不管有什么困难,我们也要帮助修建。"

周恩来在外交部的报告上批示:"为援助非洲新独立国家和支持非洲民族解放斗争,如果尼雷尔总统访华时提出援建坦赞铁路问题,我意应同意。"报告呈送毛泽东和刘少奇审批。

"我连呼吸都不敢了"

1965 年 2 月 17 日,刚过完元宵节,坦桑尼亚总统尼雷尔开始了他的中国之行。刘少奇、周恩来和他在北京进行了第一次正式会谈。

谈了很久,却仍不见尼雷尔提出修路的问题。刘少奇主动说:"请总统阁下坦率地提出需要解决的问题,我们将给予考虑,如果有困难,我们就直说。"

考虑到中国并不富裕,尼雷尔只提了一个要求,希望中国帮助建造一家纺织厂。

世界不会忘记

刘少奇一口答应了下来，并接着问："除了纺织厂就没有别的了？"这个时候，尼雷尔才提出了修建坦赞铁路的要求。

对此，刘少奇说："可以考虑，但需要较长时间，第一步是进行勘探。"

周恩来接着说："我们了解它的重要意义，问题是修成这条铁路需要较长时间。"

听到中方满口答应，尼雷尔异常激动："这是多么好的消息！在证实你们的回答之前，我连呼吸都不敢了！"

更让尼雷尔想不到的是，毛泽东在会见他时说："你们有困难，我们也有困难，但是你们的困难和我们的困难不同。我们宁可自己不修铁路，也要帮你们修建这条铁路。"

当中国将援建坦赞铁路的消息公开后，个别西方国家不怀好意地说："中国人是靠不住的，他们的援助，还在犹豫中。"

为了粉碎谣言，中方迅速派出了铁路考察组，只用了3个月就完成了对坦桑尼亚境内铁路规划沿线的考察。

1967年9月，中国、坦桑尼亚、赞比亚3国政府，在北京签订了《关于修建坦桑尼亚赞比亚铁路的协定》，根据协定规定，中国方面负责勘测设计并帮忙组织施工，同时，还为坦、赞两国提供不附带任何条件的10亿元贷款。

二、千难万险

"中国人真的来了"

协定的签订震动了整个世界。当时就有西方媒体不无醋意地说："中国盛产竹子，因此毫无疑问，中国援建坦赞铁路必然是用竹子建成的。"

很显然，在他们看来，中国答应帮助修建坦赞铁路，不过是做做样子。

协定签订后，中方立即派出了勘探设计队，对坦赞铁路全线进行前期的勘探设计工作。在得知中国只派了500多人后，不少外国铁路专家认为，中国至少要用5年时间才能完成全部的勘探设计任务。

第一批勘探人员到达坦桑尼亚的时候，刚好赶上了雨季，当时勘探人员在日记上写道：**"坦桑尼亚的大雨，用倾盆也不足以形容其猛烈，得用'缸'而代称之。"**

雨季一到，坦桑尼亚就有了不少的沼泽地，勘探员在沼泽地里工作，皮肤一泡久了就会发白，有的人脚被扎破了，还有人得了红斑，患了关节炎，但是没有一个人叫苦。就这样，中国人克服了千难万险，只用两年的时间就完成了全部的勘探工作。

当时的勘探员还写了首诗，描绘的就是当时勘测的情景：

> 顶风冒雨，
> 餐风饮露。
> 三国队员手携手，
> 肩扛塔尺跨征途，
> 江河急处测流速。
> 掏出千丈石岩心，
> 摸透万山结构骨。

虽然修建这条铁路将面临很多困难，但他们认为这些困难都不是不能克服的。

根据勘察结果，勘察组提出了修建铁路的可行性报告，计划6年内全线建成通车。

鏖战"绿色沙漠"

1970年,第一批中国建设者乘坐"建华号"远洋客轮,从广州出发,在大洋上颠簸14天后,抵达坦桑尼亚首都达累斯萨拉姆,整座城市都沸腾了。

非洲人民什么时候见过这样的阵仗——1000多名黄皮肤的中国人,统一穿着深绿色的军装和军帽,背着统一配发的棕褐色旅行皮箱,排着队。在领队的指挥下,打着"中非友谊万岁""世界人民大团结万岁"的横幅,走下客轮。

西方媒体再次惊叹:中国人真的来的!

1970年10月26日,坦赞铁路正式开工。

虽然中国工程人员早就做好了吃苦的准备,但来之后他们才发现,这个艰苦程度远远超过了他们的想象。

坦赞铁路全长1860.5公里,沿线地形复杂,跨越高山、峡谷、急流、森林,许多地区荒无人烟,野兽出没,蚊虫散播着疟疾和黄热病,施工条件异常艰苦。中国工程技术人员住在用铁丝网和树枝围起来的院落里,办公室、宿舍都是用牛毛毡和木棍再加上点泥巴糊起来的房子。

整个铁路工程将由东向西、先坦后赞建设,并且将全线分为五大区段分段施工,其中首个施工区段因为总长502公里,中国援外人员也将这段工程称为"502工程"。

这是一片原始大森林,被人们称为"绿色沙漠",许多地方从来没有人到过,处处充满了危险。

当时,坦赞两国的经济条件十分有限,基本的施工机械和设施都没有。周恩来一再指示要加强机械施工,无奈中国运过来的设备也很落后,大部分时间只能依靠"人海"战术。在施工高峰时,工人达到两三万。

为了不给坦赞两国增加负担,中方施工人员从来不向他们提条件,遇到困难就自己想办法解决。比如,为了夯实路基,就采用中国民间的传统绳拉石夯法。

坦赞工人们边拉边喊，"China Machine"，意思就是，中国、机械。

除了施工机械的短缺，施工人员还要面对原料不足的难题。

为了固定轨道，施工现场急需一种叫作"轨距挡板"的配件。别看这个零件小，却是稳固轨道不可或缺的配件，仅坦赞铁路的第一段工程就需要3000万个，而这些配件都是由中国国内生产供应，运输周期很长，如果要等到国内的挡板运输到，铺轨计划就会大大延期。

为了保证工程按时完成，工程队的机械大修厂，主动接受了生产轨距挡板的额外任务。他们从市场上买来废钢铁，参照实物制作模型，很快就试制成功。

试制成功后，机械大修厂除了完成工程机械的修理工作，还抽调力量日夜3班，突击加工生产轨距挡板，解决了铺轨工作的燃眉之急。

在中坦赞3国工人的共同努力下，经过一年的紧张施工，"502工程"的任务，得以提前一年顺利完成。

"毛泽东的人做得更快些"

坦桑尼亚首都达累斯萨拉姆车站，整个车站的建筑风格正是典型的我国20世纪70年代火车站的风格，和同时代建造的北京站、长沙站如出一辙。

这条铁路沿线的一座座车站，正是与坦赞铁路同时修建的。

其实，整座车站，大到玻璃窗，小到一颗小小的螺丝钉，所有的建筑材料都是漂洋过海从中国而来。在办公区的墙壁上，至今还悬挂着毛主席的照片。

在修建坦赞铁路的几年时间里，坦、赞两国前后有数十万工人参与到建设过程当中，其中九成以上人员没有修筑铁路的经验。中方的援建人员，

世界不会忘记

担起了"老师"的身份，给予他们技术方面的指导。

周恩来曾代表中国政府向坦赞两国承诺，中国帮助友好国家的建设项目，不仅要完成，而且一定要使受援国人民掌握全套的技术和经营管理，培训好技术人员和工人，把项目交给受援国使用，才算是完全做到了援助。

当地的一位农民，在施工队快走的时候，拿来两株香蕉秧对他们说：**"中国专家帮我们修了别的国家不愿意修的路，中国医生为我们治好了别的国家医生治不好的病。为了纪念中坦友谊，我把这两株香蕉秧种在你们住过的地方，一株代表着坦桑尼亚人民，一株代表着中国人民。你们走了以后，我一看到这两株香蕉，就会想起毛主席派来的中国专家。"**

这两株香蕉，象征着中坦人民的友谊万古常青。

在援建坦赞铁路的 8 年里，中国援建人员和坦、赞两国的朋友建立了深厚的友谊，留下了许多佳话。

这边，坦赞铁路正建设得热火朝天，那边，一条坦赞公路也展开了施工。原来，就像周恩来预判的那样，中国援建坦赞铁路的消息一传出，立刻在国际上引起了巨大的反响。

美国认为，当初自己拒绝援建的坦赞铁路，却被一穷二白的中国接手了，实在是有损自己的形象，面子上有些过意不去，最后出于政治和经济上的考虑，美国决定修建坦赞公路。于是，中美两国的援建队，在非洲大陆上展开了一场没有硝烟的援助竞赛。

一位德国记者曾写下了一篇名为《毛泽东的人做得更快些》的文章，比较援建中的中国人和美国人。文章说：**"中国人与美国人正在东非洲进行着一场艰苦的决斗，中国人已经毫无疑问地占了上风"**。

1976 年 7 月，经过 8 年的勘探、施工，坦赞铁路全线竣工，沿线共建成车站 53 座，隧道 22 座，桥梁 318 座。

这个时候，周恩来总理已经病重，但他一直在关心着象征中非友谊的坦赞铁路，还亲自叮嘱邓小平代他去参加竣工典礼。

为建设这条铁路，中国政府提供无息贷款9.88亿元，发运各类建设物资100多万吨，先后派遣工程技术人员5万多人次参与建设。在工程修建及后来技术合作过程中，有超过160名建设者，其中包括69名中国工程技术人员献出了宝贵生命。

当时，一位外国工程师在参观完这条铁路后感慨万分地说："只有修建过万里长城的民族，才能修出这样高质量的铁路。"

坦赞铁路通车后，中国援建队伍还留在非洲，继续向当地工人传授技术，提供各种后续保障。

作为新中国送给非洲人民的一份厚礼，坦赞铁路为坦、赞两国的经济社会发展，以及非洲南部的民族解放斗争做出了重大贡献。这条被誉为"非洲自由之路"的铁路，联结起中非之间跨种族、跨世纪的真挚友谊，是中非人民友好史上的不朽丰碑，赢得了非洲各国的认同和赞誉。

坦桑尼亚总统尼雷尔曾深有感触地说："历史上外国人在非洲修建铁路，都是为了掠夺非洲的财富，中国人却相反，是为了帮助我们发展民族经济。"

赞比亚总统卡翁达说："患难知真友。在我们最困难的时刻，是中国援助了我们。"

三、伟大贡献

这是一条"自由之路""友谊之路"

坦赞铁路1976年全线通车后不久，正式移交坦赞铁路局运营管理。

1977年，坦赞铁路完成了127万吨的年货运量，这也是历史最高峰。而到1983—1986年的几年间，坦赞铁路年均货运量有所降低，但仍保持在

世界不会忘记

100万吨以上，年均客运量约为120万人次。

对于坦赞铁路的建成通车，时任坦桑尼亚总统尼雷尔高度评价为："**对非洲人民的伟大贡献**。"这个"伟大贡献"体现在产生了五大效应：

一是建成了一条贯通东非和中南非的交通大干线，是东非交通动脉。

二是成为赞比亚出口铜的运输路线，也是该地区的主要经济管道，打破了当时南非种族主义政权的封锁，保证了赞比亚的主要收入来源。

三是造福铁路沿线的经济发展。一方面铁路沿线建起不少市镇，另一方面铁路沿线的百姓改变了传统"吃饭一棵树（香蕉、杧果、椰子、木瓜等树）、穿衣一块布（围绕全身蔽体的坎嚼粗布）、做饭烧水三块砖（支撑锅底用的砖或石头）"的生活方式。到2004年底，铁路沿线的百姓，每人日均可支配生活费用已经超过1美元。

四是保证了坦桑尼亚和赞比亚的经济独立，也支持了两国的政治独立。

五是这条铁路大动脉，为支援南部非洲的民族解放斗争发挥了积极作用。

赞比亚总统卡翁达感叹地说：**整个非洲把坦赞铁路誉为"自由之路""南南合作的典范"。**

自坦赞铁路建成交工、中国筑路大军班师回国后，为顺利执行中国与坦赞政府间的铁路技术合作协议，之后的30年间，先后又有多达近3000人次的中国铁路专家来到坦赞两国工作。

如今，在坦赞铁路达累斯萨拉姆站的办公大楼里，除了坦桑尼亚和赞比亚两国管理者的办公室外，还有专为中国专家准备的办公室。

1979年6月，经国务院批准，在铁道部援外办的基础上成立了中国土木工程公司。至今，中土公司仍受商务部委托，派出专家组，承担着坦赞铁路的经济技术合作，提供技术指导与咨询。

据中土公司原党委书记、董事长刘志明介绍，坦赞铁路从考察、施工到技术合作54年来，累计运送货物3000多万吨，运送旅客4000多万人次，为赞比亚铜矿出口提供了新的出海口，为坦桑尼亚西南部地区的资源开发发挥了巨大作用。

"非洲兄弟们把我们抬进联合国"

坦赞铁路从勘探到竣工整整花了8个年头。20世纪六七十年代，经济困难的中国为此投入了巨大的财力、物力和人力，实际造价一增再增。

1969年6月21日，刚刚大学毕业的杜坚作为翻译远渡重洋奔赴坦桑尼亚。这位后来成为中土公司副总经理的坦赞铁路人，38年的职业生涯中有超过30年在为坦赞铁路服务。

当时，杜坚夫妻两人虽在同一条铁路上工作，却服从工作需要，分赴坦桑尼亚和赞比亚，难得相见，甚至多年把女儿寄养在国内同事家。

"我们这批人，真的是把青春、把人生最美好的时光都献给了坦赞铁路。"回忆往事，杜坚无限感慨。

坦赞铁路的建成，是中坦赞3国人民智慧、友谊和力量的结晶，因此人们又称坦赞铁路是"友谊之路"。

1954年出生的坦桑尼亚人Lemo曾经在坦赞铁路上工作了33年。他回忆说，当时，他和很多中国人都是邻居，经常相互串门。有一次，自己的孩子生病，他的中国朋友顾不上休息，帮助把孩子送到了医院。这件事让他几十年后仍然印象深刻。

坦赞铁路的建设让新中国在非洲大陆享有很高的威望。在坦赞铁路建设中的1971年，联合国对《联合国大会2758号决议》进行投票表决，坦桑尼亚的代表穿着中山装参加投票。除极少数国家外，非洲绝大多数国家都投了赞成票。中华人民共和国成功在联合国取代"中华民国"。

世界不会忘记

"**非洲兄弟们把我们抬进联合国，不去就脱离群众了。**"得到消息时，毛泽东非常高兴，并决定立刻组成代表团参加当年的联合国大会。

一个"抬"字生动描绘了中国与广大发展中国家的深厚情谊。据当时的西方媒体报道，当计票结果在电子屏上锁定之后，会场沸腾了，支持新中国的代表们经久不息地鼓掌庆贺，尤其是非洲国家代表们，甚至在座位上、过道上跳起舞来，还有的把桌面当鼓，敲出欢快的非洲鼓点。

这份情谊里有汗水和鲜血凝结出的中非友谊丰碑——坦赞铁路。

曾参与过援建坦赞铁路决策过程的赞比亚前外交部部长姆万加说，成千上万的中坦赞人民在坦赞铁路建设过程中付出艰辛和努力，其中很多人甚至付出了生命。他们的汗水和鲜血不会白流，赞比亚人民永远对他们深怀感激。

姆万加曾任赞比亚驻联合国大使，谈到1971年中国恢复在联合国合法席位的往事，他兴奋地说，是他代表非洲国家第一个在联大发言，欢迎中国代表团。

在距离坦桑尼亚首都达累斯萨拉姆西南24公里处，坐落着中国援坦专家公墓。在公墓里竖立着一块墓碑，上面刻着：**为援坦赞铁路建设及技术合作而牺牲的烈士英灵永垂不朽。**

时至今日，坦赞铁路建成通车已经45年。坦赞铁路之所以不朽，不仅在于它为非洲大陆的发展振兴做出了不可磨灭的历史性贡献，更在于中坦赞三国人民在建设坦赞铁路过程当中，共同铸就了伟大的友谊。坦赞铁路的建设过程，正是中非双方相互尊重、平等相待的真实写照，而它将继续指引着中非关系迈向新的未来。

坦赞铁路：
独一无二的援外中国样本

2019年5月13日，坦赞铁路纪念园项目开工典礼在赞比亚卢萨卡省盛大举行。

中国驻赞比亚大使李杰表示，坦赞铁路是中非友谊的有力见证，坦赞铁路精神是坚韧不拔和不屈不挠的象征。在1860.5公里的铁路建设过程中，包括69名中国建设者在内共有230多名建设者献出了宝贵生命，他们的牺牲应该被中坦赞三国年轻一代永远铭记。坦赞铁路纪念园的建设将成为两国年轻人的历史教科书。

赞比亚外交部部长约瑟夫·马兰吉在仪式上宣读赞比亚总统埃德加·伦古的信件。在信中，伦古向中国援赞烈士们表达了敬意。他说，坦赞铁路纪念园的建设是赞中两国建交55周年友谊史上的重要标志，显示了两国坚定不移的友好关系。赞比亚人民将永远感激并铭记中国在各种援助中所展现的无私与慷慨。

95岁的赞比亚开国总统卡翁达出席仪式并表示，赞比亚人民永远不会忘记中国人民多年来的无私奉献，坦赞铁路纪念园将成为两国友好合作的象征，提醒两国人民不忘历史。他希望赞中合作迈上新高度。

50多年来，中国始终坚定地同包括非洲国家在内的广大发展中国家站在一起。

2018年9月3日，中非合作论坛北京峰会在人民大会堂隆重开幕。中国国家主席习近平出席开幕式并发表题为《携手共命运 同心促发展》的主旨讲话。习近平主席在讲话中强调，中国人民始终同非洲人民同呼吸、共命运，始终尊重非洲、热爱非洲、支持非洲。坚持做到"五不"：**不干预非洲国家探索符合国情的发展道路，不干涉非洲内政，不把自己的意志强加于人，不在对非援助中附加任何政治条件，不在对非投资融资中谋取政治私利**。习近平主席的讲话再次向世界昭示中非"携手共命运、同心促发展"的坚定决心，并宣布产业促进、设施联通、贸易便利、绿色发展、能力建设、健康卫生、人文交流、和平安全"八大行动",为未来中非合作描绘了路线图。

四、涅槃重生

一条正在逐渐失去希望的铁路

坦赞铁路是新中国早期对外援助的典范和缩影,它是中国外交中的一笔无形资产,它甚至被看作中国与非洲甚至中国与整个第三世界"兄弟情谊"的丰碑。

但随着形势的发展,坦赞铁路也面临着出海口增多的竞争、冗员负担沉重、资金不足和管理不力等经营困难。这些都给坦赞铁路的运营带来了巨大挑战。

其一,运营管理和维护能力低下,运输能力年年递减。坦赞铁路建成交付后,铁路管理维护不到位,维护人员缺乏专业技能,小问题修不完,大问题修不了,设施损坏老化严重,无能力修复。坦赞铁路的设计年运量为200万吨,通车之初曾达到过127万吨,因经营不善,运量一路下滑,亏损逐年增加,2013年曾被迫全线停运。之后几年,虽然恢复运营,但下降到每年运输量不过50万吨上下,最低的一年只有37万吨。

其二,出海口增多造成分流,铁路的重要性下降。从21世纪初开始,坦赞铁路受到了公路运输以及到纳米比亚的沃尔维斯湾走廊的竞争。南非对所有国家开放口岸,赞比亚的出海口,就不仅限于坦桑尼亚的达累斯萨拉姆。坦赞铁路建成时,坦桑尼亚是唯一出海口,24小时内能发6对列车,而至2017年,坦赞铁路每天只发1~2对货车。这让坦赞铁路的生存空间受到压缩,亏损严重。

曾经辉煌一时的坦赞铁路,逐步失去了它的运输市场,甚至到了崩溃边缘。

"我们真的是一条正在逐渐失去希望的铁路。由于长达五六天的运输时间,人们不再选择使用坦赞铁路运输货物，尽管我们的成本和运量仍然相比公路运输划算。我们可以使用的车厢仅够拼凑出一趟客运列车，更多的车厢则停在车间里等待维修，导致客运量因此下滑。"时任新卡皮里姆博希火车站站长伯纳德说。

中国再次承担起援助的责任

在坦赞铁路修建完成以后，中国对坦赞铁路的支援采取了先由中国员工运行，坦赞铁路本地员工学习的模式，再由坦赞铁路本地员工直接运行，中国员工负责监督，然后大队伍撤回国内，只留下中国专家组负责技术维护。可是，一旦中方大量撤回，各种问题就出现了。

20世纪80年代，我国再一次向坦赞铁路伸出援手，这次采取了国内当时流行的解决问题方式——承包，由铁道部、沈阳铁路局、北京铁路局三方各自"承包"。北京铁路局成立第七分局——坦桑尼亚分局，"承包"坦赞铁路坦桑尼亚境内的运营。

2013年年底，坦赞铁路局耗资向中国南车集团购买了10台3000马力的SDD20型柴油内燃机车，于2014年年底前交付使用。新到位的中国产机车缓解了坦赞铁路的"机车荒"，可用机车数量增至20台。2015年年底，由中国援助的4台柴油电传机车和18辆客车抵达坦桑尼亚，使铁路局每日机车可用台数从12台增加至16台，并将无故障运行距离从6015公里提升至7098公里。

2017年1月，中国外交部部长王毅在卢萨卡与赞比亚外长卡拉巴共同会见记者时表示，中方将再次承担起自己应尽的责任，为坦赞铁路的未来发展做出新的贡献。

世界不会忘记

"特许经营"激活坦赞铁路

物极必反,否极泰来。彼时,中坦赞三国领导人达成共识,决心让这条瘫痪状态中的铁路获得新生。

基本思路是:**中国与赞比亚、坦桑尼亚共同努力,通过全面改革坦赞铁路的管理体制、实现铁路与港口的有效衔接、打造铁路沿线产业经济带这三大途径,使坦赞铁路成为带动赞坦两国以及周边沿线各国加快工业化和农业现代化的"合作之路"和"繁荣之路"。**

三方都认为,特许经营是中国参与铁路运营的最好方式,即所有权仍属坦赞两国,由中方企业负责铁路的经营和盈利。

中国企业的市场化介入,通过改造运营,努力激活坦赞铁路。中国参与坦赞铁路的改造运营,已不再是单纯援助的方式,而是以特许经营的市场化方式介入,并冀望取得财务利益和战略利益。

但中资参与坦赞铁路管理,有一个根本性的法律障碍,就是《坦赞铁路法》,这是一部完全排除外资的法律。2014年年底,坦赞铁路部长理事会确定了允许私营部门参与运营的原则,认为资本结构调整势在必行,做出了5年计划中15%投资来自私人部门的细化方案,这从法律上为坦赞铁路引进外资和外国管理层铺平了道路。

2019年7月,坦赞铁路局官员出席第43届达累斯萨拉姆国际贸易博览会期间表示,坦赞铁路2019—2020财年货运量目标为30万吨,比上一财年的17万吨增加了近1倍,这主要得益于赞比亚和刚果(金)对通过坦赞铁路运输货物产生了越来越大的兴趣。

坦赞铁路局于2016年对52个需要减速通行的危险路段进行了维修,之后减速通行点只剩下14个,运输效率和安全性均得到大幅提升。自此,坦赞铁路的货运量快速增长,3年增长了130%。

坦赞铁路的正常运营，带动了沿线地区经济发展，形成更多的产业经济带，开辟了新的货源，形成了良性循环。不过，要实现坦赞铁路重铸昔日辉煌的愿景，尚需天时地利人和。

五、坦赞精神

坦赞铁路的故事没有终结。

这条自由之路的建成，带来了坦桑尼亚和赞比亚两国经济发展、交流往来、贸易增加。

近年来，随着"一带一路"倡议赢得世界回响，中国与非洲各国铁路产能合作进入又一波高潮。

2016年10月，连接埃塞俄比亚和吉布提两国首都的非洲第一条现代电气化铁路亚吉铁路正式通车。亚吉铁路从投融资、技术标准到运营管理维护，全部采用中国标准。这条铁路的通车，标志着中国铁路首次实现全产业链"走出去"。

如今，亚吉铁路、蒙内铁路以及多条正在筹划建设中的铁路在非洲大陆筑起钢铁长城，在中非友谊的画卷上，继续诠释着"一带一路"语境下的"坦赞铁路精神"。

轨枕上刻有"中华人民共和国制"字样，列车上印着"中国北车"标志，坦赞铁路局办公室墙上挂着中坦赞三国领导人的照片……如今，坦赞铁路上丰富且带有历史记忆的中国元素，仍能让人感受到中非友谊的世代传承。

为了感受"坦赞铁路精神"，中国援助坦桑尼亚医疗队队员宋涛专程坐了一趟坦赞铁路的列车。在他看来，20世纪70年代，在交通、技术条件都极其有限的情况下，中国人远赴万里之外的非洲，建造出如此高质量的工程，堪称奇迹。

世界不会忘记

异国青山埋忠骨，往昔峥嵘今犹酣。

坦桑尼亚达累斯萨拉姆市西郊的中国专家公墓，碧草萋萋，庄严肃静。援建坦赞公路而殉职的69名中国专家、技术工人长眠于此。

2013年3月25日，习近平主席访问坦桑尼亚，专程来到中国专家公墓凭吊，缅怀为中坦、中非友好事业献出宝贵生命的烈士们。习近平满怀深情地说：**"他们用生命诠释了伟大的国际主义精神，是铸就中坦、中非友谊丰碑的英雄，他们的名字和坦赞铁路一样，永远铭记在中国人民和坦赞两国人民心中。"**

坦赞铁路建设过程中留下的珍贵文物，连同历史照片1550余张、工程技术资料350余卷，以及上千件各类文史资料和实物，一直存放在中土东非有

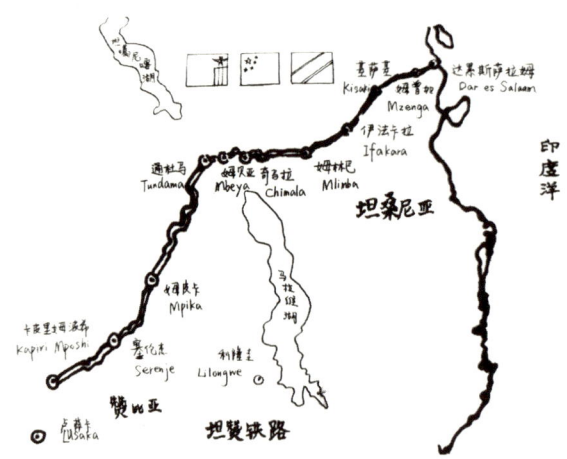

限公司坦赞铁路基地大院，以记录这段中非友好合作的历史，让"坦赞铁路精神"永励后人。

坦桑尼亚前总理萨利姆曾表示，让后人了解坦赞铁路、了解中非友谊的历史，不仅是中国的责任，也是非洲国家的使命。拿坦赞铁路来说，它很不平凡，是承受巨大牺牲，包括人员的牺牲才建成的。中国人和非洲人都要知道这段历史。

如今，中国企业已经遍布世界各地，铁路建设已成为中国的一张国际名片，"走出去"的中国企业在海外的行为也代表着国家形象。今天我们谈弘扬"坦赞铁路精神"，除了延续传统友谊，更需强调企业对于国家的责任。

坦赞铁路是一个独一无二的中国援外历史样本，承载了太多的使命，负担了太多人的期望。

我们完全可以相信，坦赞铁路作为中国外交史上一笔宝贵的重大无形资产，经过中国参与改造，一定能再铸辉煌，成为一条"合作之路""繁荣之路"！

音乐欣赏

歌曲《多想活着》

中国援外医疗58载：
大爱无疆　命运与共

今天的世界，饥饿、灾害、疫情和战争，影响着生活在同一蓝色星球上的不同国家，而在这些国家，常常能见到来自中国的医务人员的身影。

从柬埔寨到巴基斯坦，从津巴布韦到莫桑比克，从非洲屋脊到南美雨林……自1963年首派援外医疗队以来，一批又一批中国援外医疗队员，先后远赴亚、非、拉、欧和大洋洲数十个国家，凭借精湛医术和高尚医德，坚持不懈地开展援外医疗工作，为增进与受援国人民的友谊，推动与受援国的友好合作，构建中华民族伟大复兴的良好国际环境，发挥了不可替代的重要作用，也赢得了受援国民众的敬重和国际社会的广泛赞誉。

这是一组沉甸甸的数据：**从1963年至今的58年，中国累计派遣援外医疗队员2.6万多人次，为71个国家超过2.8亿患者解除病痛。**

数字是枯燥的，而前行的

步履却注定是艰难的，所有的成就必定蕴含着过程的艰辛。回望来时路，一定有很多很多精彩的故事。

非洲的呼唤

中国这项持续时间最久，得到受援国普遍欢迎的医疗援外工作，最早是从非洲国家开始的。

1962年12月，北京即将进入一年中最冷的季节，后海的北岸，一座普通的砖瓦大院内，是当时中国卫生部的办公地点。卫生部办公厅对外联络室秘书钱君琦，一位来自上海的姑娘，这天收到了一份特殊的信函。

钱君琦刚到办公室，就收到外交部转来的一封信。这封信是阿尔及利亚使馆转过来的。当时的阿尔及利亚卫生部部长穆罕默德·纳卡叙向中国提出一个请求，希望中国能够派一个卫生考察团到阿尔及利亚去。

阿尔及利亚到底在哪里？出于好奇，钱君琦找到一份世界地图，在非洲大陆的一角找到了这个刚刚独立的国家。

阿尔及利亚位于非洲西北部，地中海南岸，是非洲国土面积最大的国家，石油和天然气的储量非常丰富。

1962年7月，北部非洲的阿尔及利亚人民经过长期的浴血斗争，摆脱外国殖民主义者长达130多年的统治，赢得了民族解放和民族独立战争的胜利。新生的阿尔及利亚政府面对弹痕累累、满目疮痍，亟须医治战争创伤，发展民族经济，填补西方医生撤走后留下的医疗空白，解救疾病缠身、求医无门、苦苦挣扎在死亡线上的平民百姓。当年年底，阿尔及利亚政府通过国际红十字会向全世界发出紧急呼吁，希望国际社会能够伸出援助之手，向阿尔及利亚派遣医务人员，帮助他们解决燃眉之急。

按照卫生部对外联络室的工作程序，钱君琦把这份公函，连同卫生部的报告上报到国务院。

几天后的一个夜晚,国务院总理周恩来匆匆来到中央人民政府主席毛泽东工作的书房,他带来了那份来自阿尔及利亚卫生部的函和卫生部的报告。

在当时,大家心里认为这件事不成,派那么多人出去怎么行呢,中国自己还那么困难。

正如很多人顾虑的,当时中国正面临新中国成立以来最严峻的考验,国内刚刚从3年自然灾害阴影中走出,经济正处在艰难的恢复阶段;国外以美国为首的西方国家对中国实行军事和经济的双重封锁;苏联政府撕毁合同,从中国撤走专家,停止经济援助。

1958年,还处在独立战争战火硝烟中的阿尔及利亚,就与中国建立了外交关系。

面对阿尔及利亚的困境,是否要施以援手,成为摆在两位领导人面前的两难抉择。

就在毛泽东的书房里,两位领导人终于拍板决定了一项影响深远的重大决策:马上选派优秀的医生组成中国医疗队,援助比中国更困难的非洲兄弟。

那时,对中国来说,可以说是勒紧裤带去帮助这些非洲国家。经过长期斗争取得了独立的中国人民,怎么能不支持那些正在取得独立、巩固和维护独立的非洲国家?这就是中国人**刻在骨髓里的道义、融入血液中的基因所决定的**。

1963年1月,在其他国家还没有做出回应的情况下,北京第一个向世界宣布:中华人民共和国将派出医疗队支援阿尔及利亚。

这个历史性的决定,对于中国和受援的非洲国家意义重大,同时这个决定也即将改变许多人的命运。

1963年3月,肩负着国家的重任,以湖北省为主,北京、上海、天津、江苏、辽宁、吉林、湖南等地的24名医疗专家组建完成第一支中国援外医疗队,并

世界不会忘记

立即聚集到北京，进行简短的外事和语言培训。半个月后的4月6日，第一批13名医疗队队员就乘火车从北京出发了。

由于当时新中国与西方国家还没有开辟航线，这13名队员的旅程显得曲折而漫长。医疗队在西伯利亚大铁路走了7天7夜到达莫斯科，在莫斯科登上飞机后，又经过几次换乘，经过十几天的奔波，终于抵达阿尔及利亚西部城市——"撒哈拉之门"赛义达市，落脚在撒哈拉大沙漠的边缘，开始了艰难的起步和艰苦的创业，也从此开始了中国医疗界履行国际人道主义义务的伟大历史使命，拉开了中国同第三世界国家以医疗队为主要形式的卫生合作和援助的序幕。

这支医疗队在非洲工作8个月后，1963年12月，周恩来总理开启了访问非洲十国之行，成就了新中国外交史上建立中非新型关系的开山之旅。

在访问过程中，周总理根据万隆会议精神和"和平共处五项原则"，宣布了同非洲国家发展国家关系的"五项原则"和中国对外经济援助"八项原则"，强调中国对非洲的援助绝不是施舍，不是恩赐，而是朋友间的相互支援。

周恩来抵达阿尔及利亚奥兰市访问时，接见了中国第一批援非医疗队队员。周恩来叮嘱他们要做白求恩一样的医生，用精湛的医术为非洲人民服务。

从此以后，每年都有中国医疗队奔赴非洲，成为传承中非人民真挚情谊的友好使者。

2013年3月30日，中国国家主席习近平在访问刚果共和国期间，对援助刚果的中国医疗队队员归纳了中国援外医疗队精神："不畏艰苦，甘于奉献，救死扶伤，大爱无疆。"

到最需要的地方去

非洲是世界上地域、面积和人口都位居第二的大洲。这是一个充满传奇的阳光大陆，一片生机勃勃的热土，据说它的名字"Africa"来自拉丁语，意为"阳光炽热"。

这个广袤而神秘的大陆，因为医疗条件落后，常见病诊疗水平低，传染病多发，"小病"变成"大病"、大病夺去生命成为常事，百姓饱受疾患之苦。卫生健康状况最为薄弱的非洲，成为我国医疗援外的"主战场"。

在靠近阳光炽热的赤道附近，有一个世界上最年轻的国家——南苏丹。南苏丹2011年宣布独立，同年与中国建交。

南苏丹是世界上最贫困的国家之一，中国从2012年开始向南苏丹派遣医疗队，到目前为止共派出5批，累计有66位医生到南苏丹参与医疗援助。这是58年来中国向非洲国家派遣的2万多名援非医疗大军的小部分，他们被当地人称作"白求恩""创造奇迹的人"。

2017年6月1日，援助南苏丹的中国医疗队进行了一台惊心动魄的手术。

这天上午10点多，南苏丹朱巴教学医院的中国援非医生驻扎地，电话铃声大作。医疗队员、来自安徽妇幼保健院的周曙光医生接听了电话。

"宫外孕！急诊！"周曙光放下电话，立即和来自合肥市第三人民医院的医生孙传名准备接诊。

病人很快被家人送到医院。周曙光一看，病人捂着肚子疼得哇哇直叫。

周曙光摸了摸病人的肚子，怎么这么大，不像宫外孕啊。他赶紧带病人去B超室扫描，一看吓一跳，原来是腹腔妊娠，此时孩子已经4个月，没长在子宫里却长在肚子里，而且有破裂的血管在流血。

需要马上手术！可是急诊无法确认病人是否携带艾滋病毒。在南苏丹，平均每6个人中就有一人可能是艾滋病患者，怎么办？

"直接开刀了，急诊。"孙传名说，"不能多想，想多了就没法开展工作了，只能手术中小心再小心。"

生死关头由不得退缩，硬着头皮也得上。"满腹的血，还有不断泉涌般流

世界不会忘记

血的场景，一辈子都不会忘记。"孙传名说。

南苏丹本来血库存量就不多，再加上到处是营养不良的患者，无法献血，电力又不足，怎么办？

没说的，只能抓紧时间，减少出血！最终，他们成功了，病人得以康复。

"虽说急重症患者多，经历了那一次的生死速递，现在面对再复杂凶险的情况，也能从容面对。"周曙光说。

这支来自中国安徽的援外医疗队，组建于2016年11月18日，2017年5月1日到达南苏丹首都朱巴开始执行援外医疗任务。

南苏丹是联合国评定的世界上最危险的国家，这里常年动乱、内战不断。当地人平均一天只吃一顿饭，疟疾、伤寒是两大杀手，平均寿命不到50岁。中国援非医疗队工作的医院——朱巴教学医院是当地最好的医院，在中国援助的基础上，其硬件也只是勉强达到了中国20世纪70年代的水平。医生们最头痛的就是医院不能正常供电，有时一天只能供电2~3小时，有时整天断电。

在这样恶劣简陋的环境中，中国医生却创造了太多奇迹。比如，在电力供应严重不足的情况下抢救新生儿；比如，在直接暴露的风险下抢救濒死病人；比如，"银针火罐显神效"的中医科张长安大夫……

"我们要做那个身上有光的人，做那个能够温暖别人的人。不断庆贺眼前的美好，方得以无畏前行。" 这是一位医疗队员在《中国援南苏丹医疗队刊》上写下的文字。

身上有光，能温暖你我，更能照亮世界。 中国医疗队的队员们，真正是一群身上有光的人。

在非洲莫桑比克海峡东侧，与非洲大陆隔海相望，是非洲第一大岛马达加斯加。马达加斯加因独特的地质地貌和与众不同的物种，旅游资源十分丰富，但工业基础非常薄弱，是世界上最不发达国家之一。

歌曲《星辰大海》

45年前，来自中国甘肃的援外医疗队就已经开始援助马达加斯加。今天，在首都塔那那利佛，和马达加斯加的北部、东部、南部，中国医疗队一共设立了4个医疗点。

安布翁贝是马达加斯加经济最不发达地区，这里有中国在马达加斯加设立的第一个援助医疗点，也称南方点。这里自然环境恶劣，经济落后，医疗卫生条件极差。医生们工作的安布翁贝中心医院是周围数百公里唯一的一家医院，但医院缺医少药、设备落后，甚至连一些最基本的设备、卫材也没有。

尽管吃住行都不方便，但是队员最怕的还是生病，如果生病就是一个可怕的大问题。然而，疟疾这一在中国绝迹了六七十年的顽疾还是找上了他们。几乎每个队员都得过疟疾，有的甚至得了不止一次。

2017年8月，医疗队员们再次面临一场"险情"。当时，马达加斯加发生严重鼠疫，这是50年来当地最严重的疫情，队员几乎每天都要与"死神"面对面。

应马达加斯加卫生部请求，中国国家卫健委立即组建专家组赴马援助鼠疫防控工作。专家组一行6人抵马后，很快提出了科学处置意见和建议，并深入当地社区考察鼠疫防治措施情况，指导开展规范化疫情应急处置。

与此同时，援马医疗队员们临危不惧，投入抗击鼠疫战斗中。医疗队率先通过媒体向社会各界发布《鼠疫暴发流行控制应急方案》后，深入政府机构、社区，以及中资机构开展鼠疫防控知识讲座。11月4日，发现一名游客确认鼠疫感染后，专家组、医疗队第一时间实施急救，最终使病人度过危险期并顺利治愈出院。

2019年9月4日正午，马达加斯加东海岸的瓦图曼镇被骄阳炙烤着。一位因流产引起疾患的年轻女性患者前来就诊：没有血压、脉搏150—160次/分、呼吸40次/分、体温高达40℃。

患者气息奄奄，唯有一双无神的眼睛流露出对生命的渴望。患者家属告诉医生，此前一周，患者的流产手术由当地一位曾在手术室打扫卫生并退休多年的清洁工操作。

在麻醉及手术术前风险评估都是最高分的情况下，具有多次援外经验的妇产科主任医师王琪，以及外科医生王建华、麻醉医生李海山意见一致：立即抢救，不能放弃这个年轻的生命！

患者被快速送入手术室，经开腹后恶臭立刻弥散手术间，人工流产导致子宫穿孔破裂，胎儿大部分残体流入腹腔并继发感染，残体已与肠管紧密粘连，结肠断裂，术前待确诊的肛门外15厘米赘生物居然是外翻的结肠远端。

最终，历时5个多小时的手术顺利完成，患者各项体征恢复正常。中国医生从死亡线上又抢回一条生命！

医学源于人性的善良，医生的初心是治病救人。每天，在不同的受援国，这种救死扶伤的动人场景都在上演。

在印度洋的西部，两座珍珠般的岛屿镶嵌在蔚蓝色的海水中，它们是坦桑尼亚的桑吉巴尔岛和奔巴岛。

坦桑尼亚位于非洲东部，1964年非洲大陆上的坦噶尼喀与桑吉巴尔岛联合，成立了坦桑尼亚联合共和国。

奔巴岛是坦桑尼亚的第二大岛，岛上长满了高大的丁香树，是世界最大的丁香产区。然而在丁香花飘香的奔巴岛上，中国医疗队员每天都在与死神赛跑。

袁同洲，南京医科大学第二附属医院骨科主任医师，也是江苏第29期援助桑给巴尔医疗队副队长，他和其他8名来自南京医科大学第二附属医院的队员，共同驻扎在奔巴岛。

2019年7月初，袁同洲和队员们一起到达坦桑尼亚奔巴岛。

奔巴岛的条件非常艰苦，而面对这些困难，队员们从没想过要退缩，而是因地制宜想办法，更努力地关注患者。

到达奔巴岛的第3天，普外科副主任医师张驰接诊了一位结肠套叠的病人，需要进行结肠切除手术。哪知,手术过程中突然停电,呼吸机停摆,没有应急电源。

面对突发情况,袁同洲马上带着全体队员,举着两个应急灯和一个手电筒进行紧急照明。

张驰和妇产科王燕副主任医师在手术台上,还有 7 位队员在台下轮流负责照明。

就这样,在昏暗的应急灯下,在麻醉医师张擎的手球囊通气过程中完成了手术。

手术过程持续了一个多小时。张驰说,完成手术的那一刻,他特别感谢自己背后有这样一个团结的团队。

在儿科,同样面临缺医少药的境况。儿科医师丁玲说,"最基本的药都没有,脱水、重症营养不良的孩子很多","而其他的医疗设备,儿科病房只有一台暖箱和一台制氧机,暖箱还是坏的。耗材也很少,吸氧管、吸痰管、胃管、肛管都没有"。

这一切,给临床造成非常大的困难。

丁玲印象最深的一台手术是抢救一名早产儿,孩子的妈妈因为子宫大出血,切除了子宫,而孩子因为早产,情况非常危急。

但这是一个特殊的妈妈,"她已经失去子宫,如果孩子再没了,那么她可能无法再次成为妈妈"。那一刻,丁玲决定要尽最大努力去救孩子。没有呼吸机,她制造了简易的 CPAP 装置(持续气道正压装置),最终孩子活了下来,并健康出院。

出院那天,年轻的妈妈抱着孩子,激动地流下了泪水。而丁玲,则深深体会到作为一名中国援外医生的使命感。

2019 年 7 月 26 日,这支医疗队接到紧急医疗援助任务,称奔巴岛的中北部地区出现一种"恐怖的疾病",主要发生在儿童身上,孩子们由于皮肤改变、眼部改变、黏膜改变，面容变得非常恐怖。而自2019年以来的半年中，已有7名儿童因此失去生命。

接到任务后，援外队员连夜进行文献资料查询，同时与国内专家取得联系，咨询并进行探讨，以期对疾病有更深的了解。

第二天，当地下起倾盆大雨，山路曲折，但队员们依旧克服困难前往疾病发生地。到了当地，立即与居民沟通、了解病史，进行一系列体格检查。

经过全面评估，基本确认这是一种罕见的常染色体隐性遗传病——着色性干皮病，患儿父母通常为近亲结婚。这次紧急医疗援助，及时解除了当地居民的恐慌情绪。

在奔巴岛工作一个多月，妇产科王燕副主任医师的最大感受是："当地居民无条件地对中国医生信任，让我们能够全身心地投入工作。"

张驰则说，在院外院内遇到当地老百姓，他们都会很热情地与自己和队员打招呼。**"这种高度的认同，是中国医疗队几十年无怨无悔为当地服务换来的。"**

58年来，中国援外医疗队的足迹从非洲开始，遍布了亚、非、拉、欧等多个大洲多个国家。中国赴巴基斯坦瓜达尔港医疗队，是非洲以外地区的第一支援外医疗队伍。

瓜达尔港常年风沙不断，当地人称之为"风之门"，一些西方记者评论这里**"当地人的生活仍然停留在中世纪"**。

2017年5月8日，中国红十字会援建的"中巴博爱医疗急救中心"就坐落在这里。该中心建成后，成为中巴急救走廊的起点。

2017年9月22日，首批12名来自复旦大学附属华山医院、北京市红十字会紧急救援中心和中国红十字基金会的医疗队队员入驻中巴博爱医疗急救中心，为当地民众和中国驻瓜达尔港的工作人员提供免费医疗服务。

近4年时间里，医疗队接收中巴病人1万多例；在中国捐建的当地学校开展学生免费体检项目;开展"健康快车巴基斯坦光明行"瓜达尔地区白内障患者筛查救治工作;与当地政府和港区公司共同开展宣教活动,提升当地公共卫生水平,赢得了当地政府和人民的交口称赞。

作为东盟成员国的柬埔寨,是一个历史悠久的文明古国,和中国有着传统的友好关系。2017年8月,由江苏省组织的援外医疗队赴柬埔寨进行为期10天的巡回义诊活动,20名来自南京各大医院的专家,为柬埔寨人民送医送药,受到柬埔寨各界的热烈欢迎。

柬埔寨与中国间的良好外交关系一直是东盟成员国与中国关系的典范。柬埔寨是中国—东盟产能合作最大的受益国之一,也是江苏省在东盟的重要合作伙伴之一,但柬埔寨医疗卫生事业发展缓慢,基础条件较差,亟须外界援助。

医疗队到达时正是雨季,队员们冒雨深入一线巡诊。在义诊现场,一位22岁的妇女带着刚出生1个月的孩子来看病,其一只乳头已化脓,因为没钱看就一直拖着。南京玄武区新街口社区卫生服务中心的杨轶青副主任接诊,把从国内带来的药给了她。

一位30多岁的妇女已是3个孩子的母亲,挺着怀孕6个月的大肚子前来,她的一只眼睛几乎失明,诉说没钱治疗、家人对她也不好。南医大二附院的王静静医生把身上的零花钱都给了她,那位妇女感动得流下了眼泪。

结束了在西港市的几天义诊后,江苏医疗队兵分两路,一路飞往磅士卑省,另一路到暹粒市继续开展巡诊活动。几天连轴转,加上水土不服、休息不好等,医疗队好几位医生都病倒了。

截至2020年,江苏已派出6批援柬医疗队,服务当地患者4万多人次。

世界不会忘记

白衣天使

2020年5月初的一天，埃塞俄比亚的季马市巴吉村，雨下得淅淅沥沥。48岁的祖迪埃·海勒头戴纱巾，除杂草、擦墓碑，为一位长眠于此的中国医生清扫墓地。

在这个距离首都300多公里的小村子里，海勒和她已经去世的父母接力守墓，时光不知不觉过去了44年。

墓主名叫梅庚年，20世纪70年代来到季马市从事援非医疗工作。当年医疗队队友芮云志曾回忆，顶着烈日，梅医生带领大家在树荫下支了张桌子，站着就开始接诊，最忙的一天，看了300多号病人，做了7台手术。方桌不大，在当地病患眼里却是救命的地方。

1975年，从灾区考察返回途中，梅庚年不幸遭遇车祸，以身殉职，年仅51岁。

季马人没有忘记梅医生。海勒的父亲主动将家里一块玉米地捐出来，修建梅庚年的墓地。弥留之际，父亲都没忘记叮嘱海勒，一定要守好墓地。

"我有两个儿子，还有几个弟弟。我如果不在了，他们也会把墓地守好。"父亲的话，海勒从没忘记。

万里之外，梅庚年的遗志，同样被他的3名子女继承。

1998年，作为河南省第10批援埃医疗队队员的梅庚年的长子梅学谦，终于来到了父亲的墓前，也见到了海勒的父亲。梅学谦听不懂当地的阿姆哈拉语，但他听到老人反反复复说着一个词——"阿么塞格那胡（谢谢）"。

一声声"阿么塞格那胡"，是对中国援外医疗队医生最高的褒扬，是对亲如一家的中非友谊最好的诠释。

2019年6月22日，湖南省第21批援助塞拉利昂医疗队和第17批援助津巴布韦医疗队从长沙启程，奔赴遥远的非洲执行医疗援助任务。

位于西非大西洋岸的塞拉利昂，盛产钻石，其中最为世人所知的是从塞拉利昂开采的血钻。

1961年4月27日，塞拉利昂宣布独立。

1971年4月19日成立共和国，同年7月29日同中国建交。

木棉树是塞拉利昂首都弗里敦的象征，参天的木棉树就像英雄一样守护着这一片土地。位于弗里敦市郊的中塞友好医院，也有一棵枝叶繁茂的木棉树，见证着来自中国湖南的"白衣天使"们的仁心仁术。

2019年6月的一天晚上7点多，来自湖南的第20批援塞医疗队妇产科专家许晚红，接到产科病房护士长电话：一位产妇产后出血不止，危及生命。

忙碌了一天的许晚红顾不上休息，直奔产房。这是一名25岁的产妇，还没来得及感受初为人母的喜悦，就出现了大出血。塞拉利昂没有血库，如果产妇不及时止血，无疑是死亡。

生命危在旦夕，但产妇特别怕痛，夹住双腿，不肯局麻做缝合。在许晚红耐心的解释和安慰下，产妇勉强开始配合治疗。

产房设施简陋、无专用无影灯，而产妇裂口很深，照明根本无法达到裂伤的部位，使手术难度异常增大。凭借多年的临床经验，许晚红借助手电筒等照明工具，精准修补裂伤部位，控制了出血，挽救了病人。

产妇、家属及塞方护士纷纷竖起大拇指点赞，而许晚红此时却早已累得连站立的力气都没有了，拖着疲惫的身子，强撑着下了手术台。

外人不知道的是，这位患有亚甲炎的女医生许晚红，当时正处于甲状腺功能减退阶段，疲劳、乏力，需要休息。中塞友好医院条件简陋，没有甲状腺功能的实验室检查，家人不放心，想让她回国检查、治疗。但中塞友好医院只有她一个产科医生，许晚红选择坚守，每天穿梭在病房与手术室。家人一再催促她，她总是回答："这里的病人多，只有我一个产科医生，我实在走不开。"

世界不会忘记

在日常的工作中，医疗队员克服停水停电、缺医少药等困难，抗击艾滋病、疟疾、伤寒、霍乱等传染病的危害，共同完成了一场场守护生命的跨国救援接力，创造了一次次挽救病人生命的奇迹，填补了一项项当地医疗技术空白。

她是中国第23批援突尼斯医疗队梅德宁分队妇产科医生、江西省妇幼保健产科副主任医师余腊梅。正如她的名字一样，她就像冬日里傲雪盛开的蜡梅一样，像冰天雪地里的一抹嫣红，散发出沁人心脾的清香。

2018年11月，余腊梅主动请缨加入第23批援突尼斯医疗队，开始了她的援非之旅。

突尼斯梅德宁大区气候条件恶劣，高温干燥，常年风沙，饮用水无法保证，给生活带来了极大的不便。同时，这里是典型的缺医少药地区，医疗基础设施薄弱，而妇产科病人很多，年分娩量近5000人次，平均每月有400多个新生儿出生，但是当地没有妇产科医生。余腊梅和另一名中国医生承担起妇产科查房、B超、门急诊、手术等工作。"两班倒"成为日常工作的常态。

剖宫产术难治性产后出血，一直是困扰梅德宁大区医院的一个医疗难题。援非期间，余腊梅凭借自己丰富的临床经验和强烈的使命担当，在当地医院创新开展剖宫产手术方式，有效提升了当地高危孕产妇的救治水平，为降低当地孕产妇和新生儿的死亡率做出了积极贡献。

2019年2月20日，13岁的儿子在江西南昌家里过生日，余腊梅作为援非医生却远在突尼斯。做母亲的，用一封家书，倾诉浓浓母爱，也道出医者大爱："**妈妈把对你的爱给了非洲的孕妈妈，给了非洲的小宝宝，等妈妈回来一定加倍补偿你。**"

余腊梅参加援外工作的大半年间，接诊孕产妇1871人次，完成手术654台，这是她在国内工作量的两三倍。

余腊梅用无私无畏的勇气和毅力，践行了医生的承诺，无论行医的条件如何艰难，任务如何艰巨，她对待困难从不退缩，在广袤无垠的非洲大陆上绽放出绚烂的色彩。

即便做足心理准备，中国援非医疗队队员抵达南苏丹时，依然感觉震惊。

这个饱受战乱之苦的国家，严重缺电缺水。发电机的响声，就是"手术指令"。机器一响，大家争分夺秒往手术室跑。但常常是手术没做完，要停电的通知就来了，只得一边协调，一边加快进度。天气炎热，加上手术灯"炙烤"，一台手术下来，参与的医护人员常常几乎虚脱。

再苦、再难，也要扛起神圣使命。夫妻携手、子承父业的故事，在中国援非医疗队中并不少见——

"在机场给下一批医疗队员交接业务时，别人看我们不说话，还以为是感情出了问题。"回忆与丈夫叶劲在科摩罗莫埃利岛工作的时光，来自广西的严思萍医生笑着说，"岛上就我们两个中国人，感觉把一辈子的话都说完了。"她没说的是，两年间夫妇俩配合默契，创造了这座印度洋小岛卫生领域的诸多"第一"。

2000年，作为第9批援非医疗队队员，程军终于来到父亲程纪中长眠了15年的地方。"父亲的墓碑就对着他当年工作过的医院正门，来来往往的人们都能看到。"程军说。

1985年，程军在高考前悲痛地得知，父亲意外殉职在援非医疗岗位上。填报志愿时，他毅然填报了临床医学专业。去学医，当一名援外医生，这是儿子对父亲的最好也是最深情的缅怀和告慰。程军23岁的女儿现在是一名药学系在读研究生。参加援外医疗队，已成为这个程家第3代子女的心愿。

思念，是几乎所有援外医生必经的"心灵大考"。

虽已结束任务回国，南京市第一医院医生陈尔东仍不时想起2017年远行前，老母亲把一本一笔一画写下的"非常提醒"塞到自己手里的情景。

"平时在国内只要做好医生工作就行，但这里不行，你必须是医生、老师、

世界不会忘记

护士、设计师、工程师、水电工……一切从零开始。"母亲的字迹和叮咛，是陈尔东在桑给巴尔期间最暖的精神抚慰。

心中纵有万般不舍，脚下依然义无反顾。

"在非洲，我更能感受作为一名医生的价值。"来自河南的仵民宪六赴非洲进行医疗援助，在厄立特里亚、赞比亚、埃塞俄比亚3个国家前前后后待了11年。

小时候，村里放电影，仵民宪迷上了一部纪录片，中国医生带着药箱、听诊器、银针给非洲人民看病的情景，深深印在他的脑海，也就从那时起，他就播下了梦想的种子。

在赞比亚，仵民宪得过10多次疟疾。但每一次任务到来时，他仍毫不迟疑地踏上征程。

20世纪六七十年代，受援国医院条件大多简陋，医疗队员常亲手制作诸如无影灯、手术床、高压消毒锅等手术设施，甚至因生活物资缺乏，他们还得自己种菜、养鸡，以备不时之需。

不仅如此，受援国环境堪忧，艾滋病、疟疾、伤寒等疫情和战乱时有发生。

面对这些疾病以及缺乏有效防护措施的医院，每一次诊治，队员们都会面临感染的风险。

在非洲马里，一位女医疗队员为一名艾滋病人做手术时，病人的血液溅进她的眼内，经过及时处理后，她仍坚持为病人做完手术。手术后她交代同事，如果她染上艾滋病，就不回国了，死后把她就葬在马里。

面对生死之战，中国援外医疗人员临危不惧、舍己救人。58年来，51名队员因公牺牲在异国他乡，缺席了后半生，留给亲人无尽的思念！

尽管如此，但凡受援国需要，中国援外医疗队员从不缺席：受援国缺医少药，民众的健康和生命需要他们护佑。于是，一批又一批医疗援外人员，远离亲人，毅然奔赴受援国。

2014年，非洲埃博拉病毒肆虐，我国实施了新中国成立以来最大规模的卫生援外行动，先后派出临床和公共卫生专家1200多人次援非，赢得了国际社会的广泛赞誉。

2020年年初开始的新冠肺炎疫情在全球蔓延后，中国高度重视加强抗疫国际合作，在做好国内抗疫的基础上，持续不断地支持世界各国抗疫行动，积极向有关国家提供包括疫苗在内的援助支持，并通过派遣医疗专家组、举行视频会议等方式，分享中方诊疗和防控经验，共同应对疫情全球大流行的挑战。

培养"不走的医疗队"

从1963年开始直至今天，中国政府派遣援外医疗队已经进入第58个年头。作为外交工作的重要内容，中国的医疗援外，随着国内外形势以及受援国需求的变化，也不再局限于派遣医疗队这一单一模式，而是不断创新。特别是在做好"授人以鱼"的同时，重视做好"授人以渔"的工作，帮助受援国实现一代又一代的医疗技术自立，为当地医疗卫生事业的全面发展贡献智慧与力量。

2017年7月24日，在中国和1万多公里外的加纳，两台具有国际一流水平的高端手术即将同步进行。

阿克拉，加纳共和国首都，也是加纳最大的海港城市。作为非洲最现代化和最富庶的城市之一，阿克拉清晨的繁忙节奏成为这个国家活力与希望的象征。

都库是克里布教学医院心内科的主任，这天上午，他和同事弗朗西斯共同完成一台心脏介入手术。心脏介入手术是目前世界上治疗心血管疾病方面一项比较先进的技术。手术无须开胸，而是借助影像的引导，经过穿刺体表血管，将导管送到病变部位，通过对导管的操作进行心脏病的精确诊断和治疗。

位于阿克拉的克里布教学医院，拥有1700张床位，属于西非国家中排名第一的大型综合医院，在整个加纳唯有这里才能够进行心脏介入手术。

与此同时，另一台心脏介入手术，在万里之外的中国广东进行，主刀医生之一的林纯莹是广东省人民医院心血管病研究所副所长。

2012年，林纯莹作为第2批中国援助加纳医疗队的队长，在克里布教学医院工作了两年。在她的记忆中，当年的克里布教学医院，与今天有着很大的不同，从技术到设备，都停留在比较传统的药物治疗阶段，手术也都是比较简单的外科手术，一年做的手术很少。

中国自2009年起开始向加纳派出医疗队，迄今为止共派出了6批66人次。

林纯莹在加纳工作了两年时间，与当地医生建立了深厚的友谊，并深深感受到加纳同行对于学习和掌握心脏导管介入治疗技术的迫切愿望。

其时，国家卫健委提出了援外要创新，援加医疗队则提出要做好人才培养，就是培养加纳的心血管介入医疗团队。令林纯莹没有想到的是，他们的这个想法得到了国家卫健委的充分认可，并很快立项。2015年，中加西非心脏中心合作项目正式启动。

从2014年起，中国政府积极开展了一系列探索援外医疗创新活动，扶持受援国重点学科建设，提高其诊疗服务水平，以及加强当地以人才、技术、管理为核心的能力建设，促进了受援国医疗服务能力和管理水平的全面提升。

2017年4月，广东省人民医院，林纯莹带领团队进行了一台心脏导管介入手术，而她的助手之一，便是来中国进修的加纳心内科医生佛库。佛库在这里学习各种手术技术，对于血管造影和经皮冠状动脉介入术，也进行了学习。

在国家卫健委的资助下，先后有13名加纳医生及护士来到中国进行培训，这其中也包括克里布教学医院的都库和弗朗西斯。

通过一年的学习，弗朗西斯成了加纳第一位能做心脏导管手术的医生，为此加纳斥资 200 多万美元，为医院购入了导管机。

如今，加纳已经初步拥有了一支优秀的心血管医生队伍。

为受援国培养它们自己的医生，使它们真正改变缺医少药的历史，让亿万民众病有所医，直至彻底摆脱疾患的威胁和恐惧，不仅是许多援外医疗工作者的心声，更是中国政府致力于援外医疗的长远目标。

在非洲大陆最北端，隔海与意大利的西西里岛相望的，是被誉为地中海明珠的突尼斯。

与中国一样，突尼斯是世界上少数几个集中了海滩、沙漠、山林和古文明的国家之一，是悠久文明和多元文化的融合之地。

对外来文化心怀包容的突尼斯人，把看中医当成一种重要的医疗选择，而有着数千年古老历史的针灸，更是成为他们最常用的一种治疗手段。

在突尼斯，有一位开中医诊所的当地人，他的名字叫苏里。2017 年 2 月，苏里在突尼斯西北部的坚杜拜省省府让都巴开办了他的第二家中医诊所。

从 2002 年起，苏里就在当地开始治疗疼痛的病人了，但治好又总是复发。他了解到中医针灸对镇痛很有效，就向中国医疗队员请教，并专门申请到中国进修中医，接受系统的中医培训。

突尼斯是典型的亚热带地中海气候类型，患有风湿性关节炎的人非常普遍。从 1973 年中国向突尼斯派出第一支医疗队开始，直到今天，每一批医疗队中都有中医医生，他们用针灸、拔罐、推拿等方法，为当地居民治疗风湿等疾病。一些常年气血不畅、经络阻闭的患者奇迹般地康复。

1994 年，中国还在突尼斯的马尔萨医院，援建了一个中医药医疗中心，由精通医理医术的中医医生，担负临床医疗和培训工作。

热心传授，用心讲解，把深奥的中医理论用浅显易懂的方法进行表述，中国医生的灵活变通，让中医开始在遥远的北非落地生根。

在中国，学有所成的苏里回到突尼斯之后，在中国医疗队的帮助下，于

世界不会忘记

2011年创办了自己的第一家中医诊所。苏里把所学用到患者身上，总会获得令人惊喜的医治效果，越来越多的突尼斯人因此受益。

在今天的非洲，传统中医随着援非医疗队的不断前行，那种治病救人解除疾苦的能量，以及它所蕴含的人文精神，日益为更多非洲民众所认可。古老神奇的中医，散发出智慧和包容的光彩，辉映非洲大地，造福世界。

在国家卫健委的资助下，有越来越多的非洲医生来到中国进修医术、增长阅历。58年来，累计为受援国培养了数以万计的医务人员。而对于远在国外的中国医疗队来说，他们所拥有的更多自信与力量，来自祖国的日益强大、国家的坚强支撑。

湖南第15批援津巴布韦医疗队的泌尿外科医生舒建平，在繁忙的工作之余，经常思索：如何更好地做到"授鱼"和"授渔"。

于是，他利用每周的病例讨论会，给当地医务人员开讲座，积极筹备建立泌尿外科微创中心。在接下来几批援津医疗队的接力和中津"对口医院"项目的支持下，津巴布韦的帕瑞仁雅塔瓦医院泌尿外科中心成为撒哈拉沙漠以南最大的泌尿外科中心。

塞拉利昂民众喜欢头顶重物搬运物品，所以严重的颈腰腿痛患者特别多。在第18批援塞拉利昂医疗队谢伟彬等中医科医生的努力下，艾灸、拔罐、针灸、推拿、膏药等传统中医特色疗法，为患者消除病痛，备受欢迎。

"刚来时可不是这样。"谢伟彬回忆往事，不禁莞尔。

当时，中医在塞国不知名，他出诊第一周的病人可谓门可罗雀。谢伟彬心想，这可不是办法，于是开始免费为导诊分诊的当地护士诊治腰痛。

有了护士的"口碑"，中医开始受到关注。在相继治好了塞国军方医院总护士长的右踝关节创伤性关节炎和电视台男主持人的腱鞘炎后，越来越多的人慕名而来，有些甚至驱车五六小时远道而来。

谢伟彬有了一个外号——"疼痛杀手"。当地医护人员会在工作间隙跑到他的诊室看针灸如何给人治病，会好奇地摸摸摆放在他办公桌上的针灸模型。他精心培养了一名本地医生，使中医在塞国开花结果。

授人以鱼不如授人以渔。近年来，湖南省持续实施了"对口医院""光明行"和妇幼健康工程等10个项目，以贡献中国方案、贡献中国智慧为主要方式开展了援外创新工作，帮助非洲医院开展重点科室建设。目前，津巴布韦宫颈病变防治中心已初具规模；塞拉利昂的眼科中心、中医标准化诊室、创伤急救培训中心、中国式标准化儿科病房已正常运转，病理远程诊断已经实现。

在埃塞俄比亚首都亚的斯亚贝巴的郊外，一家中资企业正在平整500公顷的土地，不久的将来，这里将建起非洲第一个现代化药品生产基地，为非洲民众在当地生产治疗疾病的药物。

非洲的药品98%以上都来自进口，很多药品的价格往往比发达国家还要贵。非洲国家希望中国的企业，能够到非洲去帮助他们，实现药品生产的本地化，同时降低价格，这样老百姓才用得起药。

随着中非新型战略合作伙伴关系的稳固和深化，中非合作论坛运作顺利，中国也在延续以往援非医疗的基础上，不断探索创新，积极拓宽援助非洲国家医疗卫生的领域，为更多非洲人民提供可及、可靠、可负担的医药产品和医疗设备。

党的十八大以来，中国援外医疗队逐步形成以派遣援外医疗队为基础，临床医疗和公共卫生双轮驱动，创新项目、对口医院、能力建设、人员与技术交流的全方位对外援助格局。

在非洲、东南亚、中北美以及加勒比地区的30多个国家，中国先后开展了44次"光明行"活动，免费为万余名白内障患者进行白内障复明手术；通过派遣眼科医疗专家组，开展学术交流、示范手术、带教培训等形式，在毛里塔尼亚、乍得等国建立了眼科中心，以提升当地的眼科诊疗水平；在与22个受援国建立25家对口合作医院，其中非洲有18国20家对口医院，帮助他

世界不会忘记

们建立了一批创伤中心、微创外科中心等医疗中心，极大地提高了受援国临床专科水平。

如同中国援外医疗队队员常说的那样，援外医疗，就是要救死扶伤，把中国先进的技术和理念带给他们，以提升受援国的医疗水平，把中国医生的形象展示给世人。

脚步永不停歇

中国援外医疗队全心全意为受援国患者服务，完善受援国医疗卫生体系，提高当地医护人员的业务水平，为受援国的医疗卫生事业做出了积极贡献。

一些受援国的国家元首和政府首脑对中国医疗队评价极高。

坦桑利亚总统尼雷尔表示："我相信中国医生，他们不但医术高，而且责任心强。"

津巴布韦副总统穆增达赞扬："中国医疗队帮助发展了津巴布韦的卫生医疗事业。"

加蓬总统邦戈称赞："中国医疗队的工作卓有成效。"

毛尼塔里亚总统海拉德赞扬："中国专家最善于埋头工作，工作效率最高。中国医生不畏艰苦，在我国历来缺医少药的地方工作，受到群众热烈称赞。"

……

中国医疗队的辛勤工作，为他们带来了崇高荣誉。58年来，共有约2000人次获得受援国政府颁发的总统勋章等各种国家级荣誉。

2018年，中非合作论坛北京峰会举行，中国国家主席习近平在峰会上宣布，未来3年和今后一段时间，中国将同非洲共同实施"八大行动"。中国承诺，优化升级50个医疗卫生援非项目，开展公共卫生交流和信息合作，为非洲培养更多专科医生，继续派遣并优化援非医疗队……

"救死扶伤、治病救人是构建人类命运共同体的重要体现。" 国家卫健委负责人表示,中国将全面健康覆盖放在优先发展的战略地位,并正积极参与全球卫生治理,助力广大发展中国家实现全民健康覆盖,提供了中国方案和智慧,做出了重要贡献。

医疗对外援助,是我国和发展中国家之间开展时间最长、涉及国家最多、成效最为显著的合作项目。

58年来,中国援外医疗队甘于奉献,增进了我国与广大发展中国家民心相通、民意相融,在构建人类命运共同体的过程中,传承着"大爱无疆"的人文情怀。

只要有人类疾苦的地方,就是医者不辞劳苦行仁术、除病苦、施爱心的所在。中国医疗援外的脚步一直未曾停歇。共建人类健康命运共同体的大国担当,让中国将援外医疗事业坚定不移地进行下去。

音乐欣赏

《橄榄树》

援非抗击埃博拉：
危难时刻，中国和非洲人民在一起

当有的人离开时，中国人正向最危险的地方飞奔而去。

——题记

2014年8月11日，当一架满载抗击埃博拉物资的中国专机在几内亚首都科纳克里机场缓缓降落时，几内亚百姓奔走相告、欢欣鼓舞。

这只是中国动用包机向非洲国家提供紧急抗疫物资援助的一个镜头。在埃博拉疫情肆虐的西非3国利比里亚、塞拉利昂、几内亚，以及传入风险较大的加纳、马里、多哥、贝宁等疫区周边10国，类似的感人场景一次次上演。

2014年年初，全世界的目光投向了西部非洲，埃博拉疫情突然暴发，很快就有2万多人感染病毒，死亡率超过60%。

阴霾沉沉笼罩，疫情中心的西非人民面临着生死存亡的恐怖威胁。

世界不会忘记

面对这场人类社会面临的重大危机和挑战,中国政府迅速行动,第一时间伸出援手,开展前所未有的援助行动。在最危难的时刻,中国人民选择和非洲人民站在一起,患难与共,风雨同舟,并肩战斗。

死神来袭

埃博拉,本来是非洲草原上一条美丽河流的名字,1976年,科学家首先在苏丹与刚果交界处的埃博拉河谷发现一种凶险的病毒,病毒的名字就以这条河流命名。病毒有极高的传染性和致死率,马上引起世界卫生组织的关注。

这种凶险的病毒究竟是从何而来,又怎样传染到人类的呢?

科学家长期研究发现,埃博拉病毒寄宿在果蝠身上,可以传染给猴子、猩猩等灵长类动物,也可以传染给人类。病毒通过血液、体液、飞沫等途径传播。

世界卫生组织将艾滋病、"非典"病毒的防护等级定为三级,埃博拉则是四级,这是生物安全防范中的最高等级。

1976年到2013年,全球共有2357例确诊的埃博拉患者,其中1548人死亡。

2014年,这场引起全球关注的疫情最早从几内亚暴发。

几内亚位于非洲西部海岸,西临大西洋。几内亚,来源于柏柏尔语,意为"黑人的国家"。1958年几内亚宣布独立,1959年与中国建立外交关系,是撒哈拉沙漠以南最早与中国建交的国家。

2013年12月26日,在几内亚的偏远地区,一名2岁的小女孩被果蝠咬伤,很快出现腹泻和呕吐,并在4天后死亡。随后,小女孩儿的几位亲属相继发病,他们居住的村子也有大批村民感染。仅仅两个月的时间,几内亚就有80人感染埃博拉病毒,其中59人死亡。更为可怕的是,病毒悄无声息地开始从乡村向城市蔓延。

2014年3月，在距离小女孩村子1000公里之外，几内亚首都科纳克里的中几友好医院，医生像往常一样忙碌着。这家由中国政府援建的医院，在2012年正式投入使用，是几内亚最大最好的综合性医院。

42岁的曹广是中几友好医院的中国医生，这一天接诊了一位疑似急腹症发作的病人，他完全没有意识到此刻凶险正向自己袭来。

病人来的时候，曹广觉得给他的第一眼感觉是人还比较稳定，腹痛并不是很严重，意识也比较清醒。病人的胃管里有些血液，但不是很多。

曹广和当地的盖斯姆医生为这位病人做了检查，认为并不是急腹症，就嘱咐护士留心观察。

第二天，曹广去医院比较早，刚到那儿，护士就跑过来对他说，昨天来的那个病人有问题。

曹广过去一看，这个病人已经意识不清，在床上躁动，床单上还有不少血污。护士给病人翻完身，给他进行肌肉注射，可一看注射的针眼，汩汩地向外冒血。针眼很细，正常人不会像这样流血。

当天下午，这位入院仅一天的病人去世了。

然而这个病人的死亡，并没有引起大家的警觉。第二天，曹广与盖斯姆合作了一台手术，就在手术结束的时候，曹广接到了几内亚卫生部发布的一条短信，内容是通告几内亚市民，现在有埃博拉病毒暴发了。

当天下午，与曹广一起诊治病人的盖斯姆开始发烧，晚上住进了医院。经过抽血检验，盖斯姆的血液样本显示阳性。紧接着，那位死去的病人家属也发烧住院，并且很快死亡。

· 突然出现的埃博拉疫情，让每一个人都猝不及防。与病人有过接触的几位医生和护士，被医院采取了严格的隔离措施。曹广成为第一位遭遇埃博拉病毒袭击的中国医疗队队员。

世界不会忘记

隔离期间，曹广天天测量体温，观察自己身体的变化，同时心里也一直牵挂着盖斯姆的安危。

盖斯姆曾经在中国实习多年，与曹广共事期间，两人合作愉快，结下了深厚的友谊。不幸的是，被确诊感染病毒的9位医务人员中，包括盖斯姆在内的6人相继去世。

但是，人们还没有意识到，更大的灾难正铺天盖地席卷而来。

哭泣的西非

2013年12月，始于几内亚的埃博拉疫情，起初并未引起各方的重视。

然而，到2014年5月，埃博拉疫情迅速从几内亚扩散到塞拉利昂、利比里亚等邻国，并蔓延到人口密集的各国首都。

在埃博拉病毒肆虐的几内亚、塞拉利昂、利比里亚等西非国家，这时有38名中国医疗队队员在埃博拉疫情一线抗击病毒。

曹广所在的中几友好医院的中国医生也选择了坚守，他们借鉴抗击"非典"的经验，制订出一套疫情应急方案，并向几内亚工作人员和当地华人华侨广泛宣传，普及防控知识。

在地理概念上，西非是东至乍得湖，西濒大西洋，南临几内亚湾，背靠撒哈拉沙漠，面积为638万平方公里的广大区域，占非洲总面积的1/5。西非人口有2.225亿，占非洲总人口的1/3。

1961年，塞拉利昂宣布独立，1971年成立共和国，同年与中国建交。塞拉利昂与几内亚接壤，边境民众互相往来。对于埃博拉病毒的传播，国界没有防御可言。

在塞拉利昂，有一种奇怪的习俗，人死了以后要进行洗浴，所有的亲人都要参加，除了瞻仰之外，还要去触摸和亲吻死者。这个时候，病毒就很容易传播。

10名来自湖南岳阳市的医疗队员,在弗里敦市的金哈曼路医院工作,塞拉利昂发现的6例埃博拉病例都在这家医院治疗。在塞拉利昂埃博拉病毒流行期间,医院的1名收款员、1名清洁工、4名护士被感染。被感染的护士只有1名活了下来。

面对死亡威胁,10名中国医疗队员没有一人临阵退却,他们和金哈曼路医院的医生护士并肩作战,为寻求治疗的病毒感染者提供医疗救助。

当时,王耀平正是这支中国医疗队成员之一。他回忆,当时大家的压力非常大,特别是在同一家医院工作的塞方医务人员感染去世以后,医院的工作环境,就避免不了感染的可能。

病毒在迅速地蔓延、扩散。

2014年10月8日,世界卫生组织发布新闻公报,西非地区已累计报告8033人确诊或疑似感染埃博拉病毒,其中3879人死亡。几内亚、利比里亚和塞拉利昂3国感染者总数已突破8000例,其中3857例死亡。疫情还向西班牙、印度、美国等国家和地区扩散。全球性公共卫生危机一触即发。

世界卫生组织认定,埃博拉病毒复杂程度为最高的四级,且面临变异可能,并称西非埃博拉疫情严重程度被"严重低估",建议疫情发生国宣布国家进入紧急状态,并呼吁有关方面尽快采取更多措施控制疫情。

消息公布后,有些援非国家开始撤走本国医生,召回驻疫区国外交官。经营非洲运营业务的ASKY航空公司宣布暂停了所有进出塞拉利昂和利比里亚的航班。随后法国、英国等航空公司也宣布暂时取消至塞拉利昂的航班。这使得疫区国家一度成为"孤岛",大量外来援助人员、物资无法及时抵达,公众的恐慌情绪不断漫延。

截至2015年5月22日,世界卫生组织关于埃博拉疫情的报告中显示,非洲国家几内亚、利比里亚、塞拉利昂、尼日利亚、塞内加尔和受到疫情影

世界不会忘记

响的西班牙、美国等非洲以外国家，合计出现埃博拉确诊、疑似和可能感染病例 24907 例，其中 10326 人死亡。本次暴发的埃博拉疫情感染和死亡人数已经远远超过过去 36 年间的累计病例和死亡人数。

中国人民解放军援助利比里亚的首席专家毛青，对当时的情况记忆犹新。他说，世卫组织对这次流行病给出了定义，是有史以来最严重最危害人类的疾病之一。而有关专家指出，本轮疫情中，西非各个治疗中心收治的患者死亡率为 70%，而待在家中未就医的患者死亡率更是高达 90%。

疫区人民在挣扎、在哭泣。埃博拉疫情的暴发，让西非成为一个充满高度危险的特殊区域。

中国紧急援助

在埃博拉病毒肆虐最为严重的时刻，中国同疫区人民站在一起，与世界各个国家和组织同心协力，坚定地走在援非抗埃的最前列。

在埃博拉刚刚暴发的 2014 年 3 月 28 日，由中国提供的第一批防护物资和药品就从广州口岸以特快专递的形式发往非洲。

随后，中国政府决定派出 3 支专家组分赴西非 3 国，对当地防控埃博拉疫情进行技术援助，指导抗击埃博拉疫情，阻击传染源的传播扩散。

北京市疾控中心传染病所副所长杨鹏是专家组团队的一员。接到任务的第 3 天，他和同组的几名专家就赶到了几内亚。一到达，专家组立即展开工作，并始终坚守在岗位上。

此时，中国医疗队工作的利比里亚首都医院已经有 4 名当地医务人员感染病毒死亡，但当地医生的防护措施明显不足。

面对紧迫的疫情，中国最大规模的援外医疗行动，快速高效地展开了。

2014 年 8 月 7 日，中国政府提供的第二批紧急人道主义物资援助首次以包机的形式，运抵西非。

2014年9月17日，中国疾病预防控制中心移动实验室检测队，抵达塞拉利昂后立即投入工作中。

2014年9月18日，中国国家主席习近平在印度访问期间宣布，中国政府决定在此前提供两批援助的基础上，再次向几内亚、塞拉利昂、利比里亚等西非国家，提供金额为2亿元的紧急现汇、粮食和物资援助，其中将向利比里亚提供100万美元现汇援助和200万美元粮食援助，并向世界卫生组织和非洲联盟，各提供200万美元现汇援助。

2014年9月28日，中国检测队成功检测了塞拉利昂卫生部送检的首批埃博拉病毒样品。第一天检出的阳性样本，就占到整个西非阳性样本近一半。

截至2014年10月8日，中国检测队已成功检测290份埃博拉病毒样本，检测量占塞拉利昂病毒检测总量的23%。"塞拉利昂—中国友好医院埃博拉留观中心"已展开工作。

留观中心自10月1日正式启用，到8日为止共接诊了53名埃博拉留观患者，其中8名患者死亡，13名患者为确诊病例，6名确诊感染者被转送其他医院，另有4名留观患者经检测为阴性后出院。

2014年10月7日，中国向几内亚提供新一批援助换文签字仪式在科纳克里举行。几内亚国际合作部部长萨诺9日在接受中国媒体采访时指出：**"中国是几内亚的好朋友、好伙伴。几内亚暴发埃博拉疫情后，中国是首个向几内亚提供援助的国家，多批不同形式的援助和中国专家的到来，对帮助几内亚控制疫情蔓延起到了很大的作用，我们很感激！"**

2014年10月24日，中国政府宣布启动第4次紧急救援，再向几内亚、塞拉利昂、利比里亚和有关国际组织提供5亿元的现汇和物资援助，并且为塞拉利昂援建一所移动实验室，为利比里亚援建和运营一所埃博拉诊疗中心。

……

世界不会忘记

在西非疫区,中国是唯一一个既提供实验室又设立留观中心的国家。中国专家的到来不仅在技术上、能力上支持相关国家抗击疫情,还在心理上、经验上对非洲国家提供支持。

中国源源不断地向非洲运送的粮食、救护车、移动实验室等都是疫区国家最急缺的,中国一次又一次派出的防疫专家和医护人员都是疫区人民最需要的。

据统计,从 2014 年 4 月开始,中国先后向西非埃博拉疫区 13 国提供了 4 轮总价值约 7.5 亿元的紧急援助;仅几内亚一国所接受的疫区援助物资就有 2/3 来自中国;而疫区周边 10 国的防疫物资则几乎全部来自中国。

埃博拉疫情真正引起世界关注,国际社会全面投入抗击埃博拉战"疫"是始于 2014 年 9 月的安理会会议,以及之后的联合国集体行动;而中国始于 2014 年 4 月的对疫区援助,明显填补了国际援助的真空期。

重信守诺,言出必行,务实高效。中国"急人所急"的援助抗疫行动做到了非洲人民的心坎里。

但形势极为严峻的是,在多方面原因综合作用下,西非埃博拉疫情还没有得到控制。

整建制出击

位于重庆主城区的沙坪坝区,是红岩精神的重要发祥地。中国人民解放军陆军军医大学就位于这个区。陆军军医大学的前身是解放军第三军医大学,2017 年 6 月转隶更名。

2014 年 10 月 2 日,那个本应寻常的国庆假日,原第三军医大学副校长王云贵的手机突然响起。

"2 日上午大约 10 点,接到电话,通知我下午 3 点赶到总后卫生部接受任务。"王云贵回忆说。

中央军委决定，让第三军医大学做好准备，以军医大学为主体，原沈阳军区 202 医院配属，共同组建一支医疗队，援助疫情严重的利比里亚建设和运营埃博拉诊疗中心。

王云贵明白，在中国整个援外历史上，军队医疗系统这么大规模、整建制地赴国外执行任务，这还是第一次。

第三军医大学附属西南医院有一支经验丰富、技术过硬的医疗队——曾参加汶川、玉树、芦山地震等多次重大非军事行动医疗救援，连续 3 年代表全军医疗系统主导国际卫勤联合演练，被誉为军队医疗系统的"国际队"。

一时间，从院领导到一线医护人员，广大医护人员迅速取消休假，纷纷请战。

10 月 3 日深夜，原沈阳军区 202 医院血液净化科护士长蔡宇把留了几十年的长发一缕缕剪下来，小心翼翼地装进盒子里，握着丈夫的手交代"后事"：家里的钱给我父母留一部分，他们把我养大不容易，我还没有来得及好好孝敬他们……

当天下午，蔡宇和 50 名医务人员接到命令，火速集结第三军医大学，和军医大学医护人员一起组建援助利比里亚抗埃医疗队。队员们做好了拼死一搏的准备。

10 月 4 日，人员抽组完成，由 164 名军人组成的中国人民解放军首批援助利比里亚抗击埃博拉医疗队，在第三军医大学卫勤综合训练基地组建。队长由副校长王云贵担任。

从组建医疗队开始，王云贵一直思考着一个问题：如何在治愈埃博拉病毒感染者的同时，保护医疗队成员的安全？

王云贵当时的压力很大，这种压力不是对这个疾病有很多恐惧，也不是考虑个人，而是作为领队、作为队长，他觉得上级要求的队员"零感染"这个任务很重。

在挑选医疗队成员时，王云贵抽调了全校最具权威、最有经验的感染科医生和护士，而所有被抽调人员都要在出发前进行严格集训，从埃博拉病毒的特性、治疗原则、救助措施到防护服的穿脱流程等，制订缜密的预案。

当军医大学的医疗队员还在强化训练时，10月11日，由医护人员与多部门工作人员组成的先遣组已经来到1万多公里之外的西非海岸，开展先头工作，并带回疫情的最新情况。

利比里亚南濒几内亚湾，因盛产胡椒而闻名。1847年，利比里亚宣布成立共和国，1977年与中国建交。1984年，中国向利比里亚派出第一批医疗队，后因战乱而停止。在利比里亚内战结束后的2005年，中国开始复派医疗队。

战后的利比里亚百废待兴，当埃博拉病毒袭来的时候，这个国家本来就十分脆弱的卫生医疗体系受到重创。

先遣队员在接到命令的第一时间，就先行一步，来到当时西非埃博拉疫情最严重的国家利比里亚，他们要在医疗队到来之前，在利比里亚首都蒙罗维亚，搭建起埃博拉诊疗中心。

先遣队员到达后，得知诊疗中心准备建在利比里亚首都蒙罗维亚的国家体育馆西北侧的一处空地上，可这里没电没水，体育馆荒废很长时间，场内杂草丛生，垃圾遍地，室内破败不堪。在这样的环境下，怎么在短时间里修建起诊疗中心呢？

此时，3架包机400吨货物，从中国运来的各种材料，是待建诊疗中心的全部物资。闷热潮湿的天气，扑面而来的蚊虫和可能带来的疟疾感染，更为可怕的是无处不在的埃博拉病毒给人造成的威胁。

可先遣队员们顾不了这些，他们战胜了不安和恐惧，赤膊上阵，客串"木匠""修理工""搬运工"，加班加点地工作着。

终于，只用了不到一个月的时间，先遣队用超乎寻常的速度，完全按照世界卫生组织标准进行设计的中国埃博拉诊疗中心初步完成,只待完善医疗功能开始运营。

中国援建的埃博拉诊疗中心全部采用钢架板房结构,按照国际卫生组织要求,和中国抗击"非典"病毒经验,采取分区闭合、隔离观察与治疗方式,硬件设施十分完善,甚至可以长期使用。

2014年11月14日晚,结束了一个月强化集训后,医疗队164名医护人员,在亲友的无限牵挂中,踏上征程,奔赴万里之遥的利比里亚。

战斗打响

医疗队员们到达利比里亚后,为埃博拉诊疗中心的运营进行紧锣密鼓的筹备。可是尚未接诊病人,却有18名医护人员接连出现高烧、头痛。

最让大家紧张的是,在招聘面试当地人员时,来面试的一个人就是被确诊了的埃博拉患者。

这么多医疗队员高烧、头痛,是不是和埃博拉病毒有关?

情况让医疗队上下十分紧张。所幸,经过一段时间的隔离和治疗,队员们身体逐渐康复。

埃博拉是传染性极强的病毒,为了保障医护人员零感染,进入诊疗中心病区的医护人员都要采取严密的防护措施。

据医疗队总护士长游建平回忆,这个中心共分3个区域,即清洁区、潜在污染区、污染区。医疗队员由清洁区的更衣室进入"一次穿衣室",严格按程序穿戴并相互检查口罩、连接帽、护目镜、防护服、手套、雨靴7件防护装备。然后,由清洁区进入潜在污染区,医护办公室、治疗区、处置室均在此。如果要进入病房,则要经过二次穿衣,进入"二次穿衣室",穿戴上防水隔离衣、防护面屏、靴套等更加严密的防护装备。

世界不会忘记

"穿脱整个防护装备的过程,如果是做得非常熟练的队员,都需要至少40分钟,有的队员可能要1小时。因为这个过程中有任何的疏漏,可能都会导致我们自己的感染。所以从穿到脱的每一个步骤,我们算了一下,有41步。"

"进一次病房就是一次战斗。"游建平说。

当地时间12月3日,医疗队队员顺利通过埃博拉病患护理全流程考核,做好了接诊准备。收治埃博拉患者来院进入倒计时。

利比里亚靠近赤道,天气炎热,密不通风的防护服对于人体的承受力极具挑战。世界卫生组织规定,每位医护人员进入感染区的时间不能超过2小时,否则可能超过人体极限,会出现医护人员的缺氧,甚至休克。

2014年11月25日,中国埃博拉诊疗中心投入使用。

诊疗中心包括主病房区、门诊、培训中心、库房和医护人员休息区等辅助建筑,共19栋板房,配备100张床位。在世界卫生组织规定标准的基础上,又增加了电子监控、对讲、电子病历等信息系统,是当时利比里亚所有治疗中心中条件最好的一个。

当地时间12月5日下午4点30分,医疗队员、医生支轶正好到中心门口送其他单位的医生离开。这时,一个20多岁的黑人小伙子向支轶走来,双眼通红,表情非常痛苦。

"I'm sick!"(我病了!)看着支轶,黑人小伙直接说道。

支轶马上警觉起来,但他已经来不及恐惧,而是出于医务工作者的本能,按照之前演练过无数遍的流程,迅速拿来口罩、手套等防护装备,对黑人小伙进行简要问诊。

通过问诊,得知这个黑人小伙子有一个同伴3天前因感染埃博拉病逝,有明确的埃博拉接触史,目前高热39.5℃,有头痛、恶心呕吐、腹痛腹泻、皮疹等症状,高度怀疑感染埃博拉。

支轶立即回到医生办公室,医疗队队长王云贵、医疗组长吴昊、首席专家毛青等人已等在那里。

汇报完病情，王云贵果断做出决定："中国 ETU（埃博拉诊疗中心）已经做好了充分的准备，立即收治该患者，展开救治！"

接诊医生按照程序将这名黑人小伙子收入留观病区观察治疗。毛青、游建平等 5 位医护人员，率先进入病区。

一场没有硝烟的战斗打响了！

医护人员身着严密的防护服，工作了 2 小时，正要出病区的时候，听说治疗中心来了一辆救护车，又有一名病人被送了过来。

怎么办，送病人的救护车已经到门口了，如果再进一组医疗队员，穿防护服就要半小时，不但让病人等更长时间，换一批队员也会让他们冒一次风险。

几个人商量了一下，觉得体力还能支持，就又开始了战斗。

第二位病人是个昏迷的患者，从担架上抬下来，然后抬进病房。诊治结束，毛青感到疲惫不堪。

回到第一缓冲区，当正脱层层防护装备时，突然，游建平看到毛青脸色通红、呼吸急促，豆大的汗珠沿着护目镜边缘滚了下来，双腿也开始颤抖。

"要出人命！"游建平顿时意识到，由于在病区体力消耗过大，面部出汗太多，毛青口罩已湿透，与口鼻紧紧贴在一起，他已无法正常呼吸，必须赶紧摘掉口罩。但用带着污染物的手套去摘，极有可能让毛青沾染上埃博拉病毒。

情急之下，游建平一把抄起墙角的赛诺士消毒剂，猛地向毛青的双手喷射过去："搓手，快！"

在她指挥下，毛青以最快速度完成手消、摘下口罩，剧烈地喘息起来。

谈起这一险情，毛青至今心有余悸："要不是游建平，我可能就要装到盒子里回来了。"

这次诊疗之后，作为首席专家的毛青和队领导研究，定下了严格规定：所有人在病区操作，绝不允许超过 2 小时。

世界不会忘记

"超过就有危险,这种危险不是意志能坚持的。换句话讲,你有意志也不能坚持。为什么呢,因为人在那种状况下就会犯错误,犯错误的风险就是被感染。"毛青说。

死神破门而入

庆幸的是,那位来就诊的疑似埃博拉感染者黑人小伙子,虽然有呕吐、发烧的症状,但经过几次检验,最终确诊为阴性。

然而,大家还没来得及松口气,在诊疗中心收治的疑似病人中,很快就确诊出第一例埃博拉患者。

死神真的破门而入了。医疗队首次遭遇到这种致死率极高的病毒。

队长王云贵连夜召开专家组会议,定下了治疗宗旨:人命大于天。只要有1%的希望,就要付出100%的努力。

这一天,进入埃博拉病房的医生头上,多了一件小小的物件,为了保留治疗情况的影像资料,医护人员将微型摄像设备绑在了头上。

护士长游建平对一位病人印象最深,为了补充病人的体液,护士们冒着被感染的危险,3批人员轮番上阵。

游建平回忆,在前期训练的时候,要求已经非常严苛了,基本上做到了极限的技术要求。可到了现场之后,发现那个病人的血管特别难扎。第一,他本来是非洲人,皮肤都是黑的,你根本就看不到血管;第二,这个病人上吐下泻,又没怎么吃东西,血管条件特别差,都是塌陷的;第三,医护人员在里面待了一段时间之后,护目镜就被汗水和雾气迷住了眼睛,在那个状态下扎针,而且带着两三层的手套,感觉和平时做护理工作是完全不一样的。

患者入院第二天,突然发生剧烈的腹泻和频繁的呕吐。体温高达39℃,随即进入昏迷状态。

第3天，这位年轻的患者去世了。医疗队员第一次见识到埃博拉的凶险。

不久，诊疗中心又确诊了一对母子。之前，这对母子的4位家人已经因感染埃博拉离世而去。

母亲怀揣一线希望，抱着8个月大的婴儿来到中国诊疗中心，反复说着一句话："救救我的孩子！"

身为儿科医生的陈盛深知，儿童感染埃博拉病毒的死亡率比成年人高很多，一般达到80%以上。

婴儿病人的母亲患了埃博拉，而她是用母乳喂养，用母乳就会有传染性，婴儿就传染上了埃博拉。

医疗队员买了婴儿奶粉、奶瓶等用品，让小病人改吃奶粉。

孩子是那样幼小虚弱，医疗队员喂奶、喂药都是用自制的10毫升注射器，慢慢地往孩子嘴里推送。

埃博拉的凶险队员们都清楚，刚去之前大家心里都还有一些紧张，但接触了病人以后，大家就慢慢地把紧张放下了。在他们看来，不管怎么危险，他们现在面对的，就是一个个病人，不能因为有危险就远离病人。所以，他们在病房看病人，给病人查体等，都没有了紧张情绪。

一天深夜，小婴儿由于肺部感染，出现了呼吸困难，亟须吸氧治疗。然而，利比里亚全国注册的医生和护士只有125人，埃博拉疫情发生后一下子就死了几十名医护人员，国家整个医疗体系和防疫体系几乎崩溃，医疗用氧更属于奢侈品。

当地解决不了，医疗队就和其他埃博拉诊疗中心联系，结果也没有。于是，王云贵就给利比里亚卫生部部长助理专门打电话，请帮助解决。

半小时后，这位部长助理回电话说，找遍了蒙罗维亚整个市，可没找到。

他找不到，就自己找。医疗队到处求援，最后终于在中国外建的一家公司，找到了几瓶医用氧气。

在医护人员的努力之下，婴儿幼小的生命维持了 10 天。

按埃博拉的发病规律，进入恢复期，就是 12 天左右。如果这个小孩还能坚持 3 天，还是有很大的希望能够存活。医疗队员尽了很大的努力，但最后孩子还是走了。面对结果，医疗队队员心情都非常沉重和悲痛。

婴儿走的那天，医疗队员们最担心的是那位母亲。这个不幸的女人，眼睁睁地看着自己的丈夫、儿子一一离去，精神已濒于崩溃，她不吃不喝，身体和心灵双重的剧痛让她在床上不断翻滚。医疗队员给她输液，刚插好的针管就被她拔掉，再给她插好，又被她拔掉。

实际上，这里跟平时的普通病房真的不是一回事，平时如果病人情绪不好拔了针，护士可以再打。但这里本来就很难插针。特别是，这个病人针拔掉以后，不光是重新输液的问题，而是开始出血，止也止不住。

不论何时，队员们只要在监视屏上看到这位母亲的异样，就会毫不迟疑地穿上防护服，以最快速度冲进病房。曾经一个晚上，医疗队员连续数次进入病房，重新为她连接输液针，折腾了整整一夜。

"来之前，人人都害怕，不害怕不是人。但是到了这里以后，一进入病区，我就发现我们这些医护人员，有一种天职，当医生的天职。"毛青感慨万分地说。

面对死神埃博拉，中国医疗队的队员们，把医务人员救死扶伤的天职，化作无畏的行动，为了疫区人民，他们无暇多考虑自己。

医者仁心

"那就是医者仁心吧。到那儿看着病人这个样子，你不可能不去关心他，你不可能不对他进行操作，哪怕自己有危险。"

作为陆军军医大学第一附属医院感染科护士长的游建平，经历过汶川地震救援和抗击"非典"，是最早确定参加利比里亚抗击埃博拉救援的专业人员之一。身经百战的她对此行并未流露太多忐忑，只是在家里轻描淡写地说，要去非洲执行任务，可对任务的艰险，却只字未提。

70多岁高龄的母亲一次偶然机会，得知这次任务非常危险，此后便每天收看新闻。游建平说，其实母亲这个人是很坚强的，父亲1998年就去世了，而姐姐2011年也去世。她出发那天，妈妈去送她，都没怎么哭。她肯定也知道可能很危险，但是她不会用她的情绪来影响女儿。

奔赴利比里亚之前，所有医疗队员和他们的亲友都深知埃博拉的凶险、任务的艰巨。然而他们都抱着赴汤蹈火的决心，抱着与非洲兄弟生死与共的意念，为全人类的安全与健康，同埃博拉病魔抗战到底。

就在中国医疗队与非洲人民并肩抗击的关键时刻，2014年12月30日，国家主席习近平向抗击埃博拉疫情的中国援非医疗队员发来慰问信，向他们致以诚挚的问候，希望他们牢记使命，再接再厉，努力实现打胜仗、零感染的目标，为中非友谊做出新的贡献。

中国埃博拉诊疗中心还收治了一对父子，他们住在同一个房间。第二天，那位父亲去世了，留下了一个叫罗伯特的7岁小男孩。医疗队决定把小男孩转入单独的病房，可是当罗伯特看到那对母子时，执意要和他们住在一起。

开始罗伯特只是发烧，但第4天的时候，罗伯特的病情急转而下，上吐下泻，身体十分虚弱。他不吃东西，精神非常萎靡。这个时候，医疗队想了很多办法，给他买喜欢吃的东西，一些医务人员还拿出自己带的营养品给他吃。队员们耐心地用英语和小罗伯特交流，希望他多喝点水，并哄着他一点一点地喝。

经过医疗队的精心看护，小罗伯特渐渐度过了最危险的几天，精神也好了很多。

因为孩子的妈妈不在了，游建平每次进病房时，就刻意地跟小罗伯特多交流一些时间，慢慢地就有感情了。

进去的时候因为防护很严密，小罗伯特其实只能看到游建平的眼睛。可时间长了，对大家的声音也熟悉了，每次进去，就能听声音识别出是谁。后来游建平脱了防护服，从他的病房外面走过时，他就跟游建平挥手："我知道那是你。"

在中国埃博拉诊疗中心工作的，还有当地的工作人员，他们耳闻目睹了中国医疗人员救助自己同胞时付出的艰辛和爱心。

当地民众对中国医护人员的信任，让中国埃博拉治疗中心迎来了一位不同寻常的埃博拉确诊患者，她叫金。

金曾是利比里亚国家乒乓球队的一员，曾代表利比里亚参加了多次世界级大赛。

"金是去年12月29日入院的，当时她的情况非常危急。"毛青和游建平回忆，金当时高烧不退，伴有腹泻、呕吐等症状，意识模糊，"处于休克状态的她，血管壁塌陷，注射静脉补液的针都扎不进去。"医疗队长王云贵、副队长张疆紧急磋商救治方案，组织抢救。

护士长王丽慧率第一批队员进入病房，开始为金进行静脉输液，这是唯一可行的办法。

消毒，找血管，穿刺，没有回血；再试，王丽慧不停地重复着动作……时间一点点流逝，队员们身上的汗水从头上一直灌进长筒靴里。

眼看医护人员在病房停留的时间已经超出规定时长，在指挥人员的命令下，第一批队员无奈地撤出病房。与第一批队员进行会商后，第二批队员进入病房。重复同样的步骤和操作，但还是没有成功，第二批队员又无奈撤出。第三批队员进入病房，继续进行静脉穿刺。

功夫不负有心人，最终，静脉通道建立了起来，而此时已是翌日清晨。

"这一夜对我们来说感觉时间好像停滞了。我们只想着把金救活，哪怕只有一丝希望，我们也要尽全力。" 王丽慧说，当天很多医生、护士都超负荷工作。

经过医疗队员们的精心治疗，金度过了危险期并逐步进入平稳期和康复期。

2015年1月上旬，确诊病人送去的血液检测报告返回诊疗中心，3位病人均呈阴性，两天后再次检测仍是阴性。按照世界卫生组织的标准，这3位感染患者确定治愈。

那一刻，整个诊疗中心沸腾了，队员们和劫后余生的患者一样激动不已，他们为患者祝福，也为胜利欢呼。

1月12日，首批康复出院的埃博拉确诊病人金和布拉马换上了中国援利医疗队员为她们准备的干净衣服，与7岁的男孩罗伯特一同走出医疗中心。罗伯特特别开心，他边走边给大家跳起了传统的非洲舞蹈。

这也许是最奇特的舞蹈场景，让人心酸又欣慰，它洋溢着人类在死亡威胁下的无畏和勇气、乐观与希望。

游建平拉着小罗伯特，指着墙上方的摄像头对他说：**"你看那只大眼睛，那叫摄像头，那只大眼睛背后，有很多很多人在关心你，很多人每天都在关注你。"**

其实游建平是想让小罗伯特知道，虽然每天来看他的只有这么几位叔叔阿姨，但是其实他们的一举一动都被记录下来了，而且背后有很多人，有一个一个很大的群体，在关心他。

2015年1月14日，3位埃博拉感染治愈者走出了隔离区病房。他们曾经以为不可能再活着离开这里，他们曾为失去了至亲而痛不欲生，如今却在中国医护人员的大爱中重新获得生的希望。

"敬礼！"走到诊疗中心门口，小罗伯特情不自禁抬起右手，向叔叔阿姨们敬了一个军礼，又跑回来抱着总护士长游建平，轻声说道："Thank you！"

队员们眼眶都红了，这是他们向病魔宣战以来打赢的第一场大胜仗。时任中国外交部发言人洪磊表示，此次中国援利诊疗中心治愈埃博拉患者，中方也备受鼓舞。中方愿继续同国际社会一道，为帮助非洲有关国家和人民抗击埃博拉疫情做出更大贡献。

在中国援利埃博拉诊疗中心,种着3棵象征健康、生命和美好未来的橄榄树,它们是1月12日由中国援利医疗队和3名获得新生的埃博拉患者,一起亲手种下的。

至任务完成,这支战斗在利比里亚的中国医疗队共接诊病人112例,收治64例,其中疑似埃博拉患者59例,确诊埃博拉病人5例,治愈和转诊非埃博拉病人50例,治愈出院确诊埃博拉病人3例。为当地培训医护人员和卫生骨干1500多人。

在此之前,千里之外的几内亚,曹广在众人的期盼中,也终于走出了隔离病房。那些日子,几内亚在煎熬,被隔离的曹广也在煎熬。曹广说,到几内亚工作后形成了写日记的习惯,隔离期间的日记,差点成了他的"遗书"。

几十天后,曹广平安回到队友当中。在埃博拉病毒肆虐的非洲国家,曹广成为奋战在帮助非洲人民第一线的中国医疗队成员之一,他们冒着被感染的危险,始终坚守岗位。

在抗击埃博拉疫情的日子里,中国政府先后派出多支地方和军队系统的疾病控制专家、医生、护士组成的医疗队,奔赴疫情最严重的国家,与世界各地的医务人员一道,为疫区的民众带去生的机会和希望。

患难见真情

自2014年4月西非出现埃博拉疫情后,面对疫情肆虐,有的发达国家撤出外交官、志愿者、企业,甚至公开宣布"只出钱不出人"。但中国政府则选择坚守一线,同当地人民并肩战斗。

埃博拉疫情暴发期间,中国政府在向疫区国家提供多轮医用物资等紧急人道主义援助的同时,先后派遣了1200多名医务人员,帮助疫区国家开展疫情防控；中国数十家企业和数千名公民坚守在当地工作；中国驻疫区 3 国大使和使馆工作人员始终没有离开岗位，400 多名驻利比里亚维和官兵始终战斗在一线。不仅如此，中国还支持 3 个疫区国家的政府对埃博拉开展社会综合防治，协助构建公共卫生安全体系，引领了当时国际援非抗击埃博拉疫情的行动。

在援非抗埃行动中，中国疾病预防控制中心、国家卫计委、中国医学院等公共卫生指导单位，在人员派遣、防控策略制定、实验室检测等多方面加强指导，有力提高了疫区国家的抗疫能力，并帮助相关国家建立实验室，培训了 1 万余名医疗护理人员和社区骨干防控人员。

除了对埃博拉病毒进行及时的防控外，埃博拉病毒疫苗的研制也是具有长远影响的必要工作。2014 年 8 月 9 日，中国宣布已掌握埃博拉病毒抗体基因，此后，一直致力于疫苗研制。2016 年 12 月 28 日，中国人民解放军军事医学科学院生物工程研究所团队研发的重组埃博拉疫苗临床试验取得成功；2017 年 10 月 19 日，国家食品药品监督管理总局批准了"重组埃博拉病毒病疫苗"的新药注册申请。中国在埃博拉疫苗方面的研究和突破，对埃博拉病毒的长期防治有着十分重要的意义。

国不以利为利，以义为利也。为非洲提供力所能及的帮助，这是中非交往和友谊中中国一以贯之的原则。中国政府对非洲埃博拉疫区国家力度空前、标本兼治的援助，以自己的实际行动再次表明中国对非交往的坦诚，展示出负责任大国的良好形象，也以实际行动展示了愿同非洲人民永做可靠朋友和真诚伙伴的一片真情。

世界不会忘记

音乐欣赏

《卷珠帘》

附录一

海外看"一带一路"和中国

"一带一路"是一种使人们相信有可能在经济发展过程中做到"不落下任何一个人的倡议"。

——联合国秘书长 古特雷斯

匈塞铁路全线通车后,塞首都贝尔格莱德至匈牙利首都布达佩斯火车车程仅需不到 3 个小时,将大大提高民众的生活水平,缩短塞尔维亚至欧洲腹地的距离。届时,铁路沿线将建起工厂、物流中心,提振塞经济发展。他表示,匈塞铁路项目对塞尔维亚至关重要,对未来的发展意义深远,是留给子孙后代的礼物。

中国是塞尔维亚值得信赖的伙伴,塞中双方正在积极探讨铁路等新的基础设施建设项目。塞尔维亚将继续全面推进两国各领域务实合作,造福两国人民。

——塞尔维亚总统 武契奇

世界不会忘记

（注：匈塞铁路改造项目是中国—中东欧国家合作的标志性项目，连接布达佩斯与贝尔格莱德，全长350公里，其中贝尔格莱德至旧帕佐瓦段长34.5公里。）

中国不限制国别范畴，不会搞封闭机制，不唱独角戏，更不搞一言堂，这正是"一带一路"朋友圈不断扩大的原因。

——联合国副秘书长　盖图

非洲重视与中国的关系，我们共同经历了许多，中非关系源远流长。中国向我们展示了，只要团结奋进、政策合理、领导有力，非洲也可以成为下一个经济中心，也可以摆脱贫困。因此，对非洲来说，中国不仅是朋友，更是很好的榜样。

——非洲联盟副主席　夸蒂

只有服务于民众的建设才真正有意义。"一带一路"建设的发展，将有助于联合国2030年可持续发展议程的实现，有助于释放民众个人的创新潜能。

——联合国教科文组织前总干事博　科娃

中国正在国际多边贸易体系中发挥更积极的作用，推动全球化向着更加包容普惠的方向发展。

——世贸组织总干事　阿泽维多

中国有序推进复工复产，为维护区域供应链稳定发挥了重要作用。

——国际货币基金组织亚太部主任　李昌镛

中国在发展数字基础设施等方面走在世界前列,是东盟推动本地区数字经济发展的珍贵伙伴。

——东盟秘书长　林玉辉

"一带一路"想要解决的是自1945年以来的全球核心问题——占世界人口85%的发展中国家的转型问题。

——英国学者　马丁·雅克

中国正在不断加快开放步伐,相信"一带一路"将把破碎的世界聚合起来,为各国发展和共同稳定带来新机遇。

——法国前总理　德维尔潘

针对目前存在的一些逆全球化思潮,"一带一路"建设可以向那些怀疑论者证明,全球化进程可以在国家间有组织、有规则地进行。

——法国戴高乐基金会主席　雅克·高德弗兰

"一带一路"是经济全球化时代包含创新思想的世纪大工程。

——日本经济学家　江原规由

中国经济有望持续稳定增长,这对日本企业有很大吸引力,中国在日本企业发展战略中占据着非常重要的位置。

——日本瑞穗综合研究所首席经济学家长　谷川克之

中国坚持扩大开放,以实际行动回应国际上一些反全球化论调,向国际社会展示中国维护全球多边合作的决心。

世界不会忘记

——新加坡国立大学李光耀公共政策学院副教授　顾清扬

菌草和旱稻种植技术的推广，使我们的人民摆脱了饥饿威胁，增加了收入……真正实现授人以渔，促进当地实现可持续发展（针对中国与多国分享水稻杂交、大棚蔬菜种植、菌草种植等技术作以上表述）。

——巴布亚新几内亚东高地省前省长　拉法纳玛

尼泊尔和中国是跨越喜马拉雅山脉的友好邻邦，两国一直保持着深厚的友谊和合作伙伴关系，是患难与共的真朋友。

——尼泊尔中国文化教育协会主席　哈利仕

"一带一路"合作发展令人惊喜。

——希腊驻华大使　乔治·伊利奥普洛斯

来自亚洲、特别是中国的需求足以让新西兰对外贸易对冲欧美市场不确定性的风险。

——新西兰经济研究所首席经济学家　克里斯·尼克松

乐观的经济数据展现出中国经济的强大韧劲，许多行业的良好表现以及对增长的迫切需求将让更多来自世界的目光转向中国。

——阿根廷中国问题专家、国家参议院顾问　卢卡斯·瓜尔达

多项数据显示出中国经济的稳定与复苏势头。在疫情导致世界经济大幅衰退的背景下，中国是较早展现出明显复苏势头的国家之一，这说明经济复苏的前提是有效应对疫情。

——阿根廷布宜诺斯艾利斯大学阿根廷—中国研究中心研究员

圣地亚哥·布斯特罗

同为文明古国的意大利和中国，有着悠久的文明互鉴历史。我相信，撒丁岛将成为共建"一带一路"的活跃窗口和重要纽带。

——意大利撒丁岛汉学家　芭芭拉·昂尼斯

中国在"一带一路"倡议参与国投资开展建设，创造了大量就业岗位与商机。特别像在经济发展滞后的南太平洋岛国，"一带一路"倡议目前已经发挥非常重要的作用，帮助斐济、巴布亚新几内亚、瓦努阿图及萨摩亚等岛国建设了诸如道路、桥梁及港口等必要的基础设施，有力地促进了这些国家的经济与社会发展。

"一带一路"倡议已经从创意变成行动，从愿景变成现实，其发展态势强劲，前景广阔。

"一带一路"合作有力促进了经济全球化，使世界经济更加开放、包容、平衡，并实现利益共享。这次新冠疫情也清晰表明，世界需要经济全球化及自由贸易。

——斐济著名学者　凯什米尔·马昆

非洲国家和中国始终相互支持，在友好互信中实现更紧密的合作。在中非团结抗疫特别峰会上，中国还呼吁国际社会一道帮助非洲国家克服经济困难，着眼于更长远的发展，促进非洲经济振兴。中国将探索在数字经济、智慧城市、清洁能源、5G等领域与非洲拓展更广泛的合作，支持非洲大陆自由贸易区建设，加强共建"一带一路"合作等。非中同舟共济、共克时艰，将为双方未来的共同发展打下坚实基础。

世界不会忘记

——利比里亚公共政策研究与分析研究所执行董事 亚历山大·努埃塔

在新冠肺炎疫情防控国际合作中,中国展现了负责任大国的担当,以实际行动推动构建人类命运共同体。

——柬埔寨人民党中央委员、中央外委会第一副主席 索斯亚拉

随着英国脱欧和全球化概念发展,相信法国政府和中国投资者能把握世界脉搏,加强在研发、物流、制造业和电子商务等领域的合作,为未来10至15年的良好的投资收益及双方的互利共赢奠定良好基础。

——法国商务投资署董事局主席 卡尼

中国提出的"一带一路"倡议在双赢的伙伴关系基础上,为国家间交往提供了一个更加公平的模式,有助于建立国际关系新框架。

——埃及开罗大学经济与金融法教授 瓦利德·贾巴拉

海南自由贸易港建设的核心是制度创新,是中国对经济、城市、生态、社会、产业、税收以及法治制度等方面试行高水平开放政策的"试验田",是新时代中国全面深化改革开放的具体实践。

——墨西哥城市自治大学教授 海因茨·迪特里希

中国致力于营造开放公平的市场环境,将有利于提升投资者信心,促进全球经济复苏。

——澳大利亚国立大学东亚经济研究所所长 彼得·德赖斯代尔

土耳其将在"一带一路"倡议下,继续同中国深化合作,开展更加平衡

和可持续的贸易合作。

——土耳其贸易部长　赫萨尔·佩克詹

我希望将阿中友谊的种子播撒在更多青年人的心田。如今，阿尔巴尼亚青年对中国文化的兴趣大大加强，学中文的年轻人非常多，他们毕业后能够有机会到驻阿中国企业工作。

——阿尔巴尼亚著名汉学家　伊利亚兹·斯巴修

中国在常态化疫情防控中加快推进生产生活秩序全面恢复，经济稳中向好、长期向好的基本面没有改变，给各国经济恢复和增长带来机遇和希望。

相信经过疫情考验，俄中战略协作将更加坚韧强大，两国人民友谊必将历久弥坚。

——俄罗斯亚洲工业企业家联合会主席　维塔利·曼科维奇

非洲国家应借鉴中国的经验，实施能促进经济增长的策略，并结合具体国情开展有针对性的脱贫策略。

——卢旺达爱国阵线农业和农村发展执委　图穆希米·弗朗辛

"一带一路"倡议是包容性发展战略，它的生命力已经显现出来。"一带一路"契合了当代需求，使合作伙伴将分歧放在一边，并达成互利。它不同于乌托邦式观念，而是代表了一种我本人称之为"务实普遍主义"的观念，即所有人保留各自珍视的价值，同时为共同的利益作出贡献。

——英国社会科学院院士　马丁·阿尔布劳

附录二

中国援外历程回顾与未来展望

党的十八大以来,中国国际发展合作的理念持续创新,机制日臻完善,贡献不断扩大。中国对外援助与发展合作始终坚守着自己的理念和原则。中国对外援助和国际发展合作事业走过了70多年光辉历程,迄今已向100多个发展中国家提供各种类型的援助,实施了数千个成套和物资援助项目,开展了上万个技术合作和人力资源开发合作项目,为发展中国家培训各类人员40多万人次。当前,百年变局与世纪疫情相互叠加,交织震荡。团结合作、共克时艰是各国应当采取的正确态度。中国坚持以健康为优先,全力支持国际抗疫合作;坚持以绿色为重点,不断落实可持续发展目标;坚持以民生为要旨,积极助力全球经济复苏;坚持以多边主义为引领,持续优化发展合作领域全球治理,不断深化国际发展合作,促进世界的共同发展繁荣。

中华民族是懂得感恩的民族,中国是知恩图报、知恩必报的国家。构建人类命运共同体我们永远在行动。70多年来,我们通过对外援助与发展合作,同广大发展中国家守望相助,携手同行。

回顾是为了更好的明天,总结是期冀做得更好。

中国援外工作分为三个阶段:

世界不会忘记

探索阶段（1950—1978 年）

1950 年，抗美援朝战争爆发，除派遣中国人民志愿军入朝参战外，到 1953 年停战协定生效的三年时间里，中国政府向朝鲜政府无偿提供大量战争急需和人民生活必需的物资援助，并在战后继续帮助朝鲜政府恢复经济、重建基础设施、改善人民生活，以及接受人员来华培训。

为支援越南人民的抗法战争，中国政府向越南民主共和国政府提供军事和物资援助，帮助越南政府和人民打破敌人经济封锁，巩固解放区、增强抗战力量。

中国先后还向蒙古国、阿尔巴尼亚、匈牙利、古巴等国家提供不同规模的物资和项目援助。

1954 年，中国启动援建第一个成套项目阿尔巴尼亚玻璃厂。

1956 年起，中国先后与柬埔寨、尼泊尔、巴基斯坦、锡兰（现斯里兰卡）等亚洲友好国家签订第一批提供援助的经济技术合作协定。

为支援埃及从英国殖民者手中收回苏伊士运河的斗争，中国开始向埃及提供援助，成为中国援助非洲的起点。

1958 年中国开始向中东地区的第一个友好国家也门王国提供援助。

1964 年，周恩来总理在访问亚非 14 国期间正式提出《中国对外经济技术援助的八项原则》（即援外八项原则），推动中国对外援助进入全面发展的新阶段。

在 1971—1978 年的 8 年间，中国对外援助支出达到前 20 年对外援助支出总和的 159%；新承担各类成套项目达到 509 个，帮助 37 个国家建成的成套项目数达到创纪录的 470 个。

哈马棕纺厂是中国援助叙利亚最重要的大型生产性成套项目。

斯里兰卡班达拉奈克国际会议大厦是中国在南亚援建的最重要的标志性公共工程，支持斯里兰卡举办 1976 年不结盟国家首脑会议。

朝鲜平壤地铁是中国援建的第一个现代化城市轨道项目。

阿尔巴尼亚爱尔巴桑冶金联合企业是中国援助阿尔巴尼亚最重要的重工业成套项目。

也门塔兹革命综合医院是中国在西亚地区援建的最重要的综合性医疗卫生项目。

巴基斯坦喀喇昆仑公路，又名中巴友谊公路，是中国连接巴基斯坦并通往南亚次大陆和中东地区最重要的陆路干线。

在改革开放前 30 年的探索期，中国的对外援助在坚持履行国际义务和促进发展中国家自立互助的发展理念基础上，通过确立和践行援外八项原则的基本政策，初步构建起包括无偿援助、无息贷款、低息贷款等在内的援助资金体系，以及包括成套项目、物资援助、技术援助、人力资源培训等在内的相对系统的援助项目体系，在国际发展领域独树一帜，探索出一整套中国特色的对外援助模式。

改革阶段（1979—2012年）

在改革开放时期，中国明确对外援助作为"南南合作框架下发展中国家之间相互帮助"的基本定位；宣布"平等互利、讲求实效、形式多样、共同发展"等中国同发展中国家开展经济技术合作的四项原则，强调按经济规律办事，走互利合作的新道路。

1992年随着中国经济体制改革迅猛推进，对外开放蓬勃发展。中国对外援助全面开启援助方式的结构性改革和管理体制的市场化改革。除传统的成套项目和物资项目援助外，技术援助和智力援助的比重明显提升，其中包括按照"建设运营一体化"的指导思想对已建成成套项目广泛开展后续技术合作，积极拓展专业领域的单项技术援助并不断向综合化、高端化发展。人力资源开发合作力度不断加大。在扩大传统援外技术培训和官员研修规模的同时，拓展学历教育、青年志愿服务、高级专家派遣等新领域。此外，紧急人道主义援助成为彰显大国责任的重要内容，并从2004年开始由商务部牵头会同国务院多部门创新构建人道主义援助的应急反应机制，仅2004—2009年就累计开展紧急人道主义援助行动近200次。在管理体制改革方面，主要是引入竞争导向和市场化手段，逐步放弃计划体制下通过行政指令分配援外任务的做法。

从1993年开始，引入招投标竞争方式择优选定各类援外项目实施企业，并随着2000年以后国内招投标的法制环境和市场环境的不断完善，与国内《招标投标法》和《政府采购法》逐步接轨。

1994年，中国援外历史上第一个成套项目施工任务——援赞比亚低造价住房项目通过标底制公开招标方式选定施工总承包企业。

1995年，第一个成套项目勘察设计任务——援贝宁会议大厦项目通过方案竞标方式选定设计总承包企业。

1997年，部分物资项目纳入竞争招标范围。

2005年成套项目施工监理任务开始试行竞争招标方式。

从20世纪90年代开始，援外主管部门先后集中进行了三轮比较系统的管理制度建设：第一轮是1993年，对外经济贸易部印发对外援助成套项目实施管理暂行办法等六项规范性文件，第一次系统性出台成套项目的管理制度。第二轮是1999—2000年，对外贸易经济合作部在总结六项文件试行情况的基础上，主要针对市场条件下成套项目规范化管理的新要求进行了修订和补充，印发《对外援助成套项目实施管理办法》等八项规范性文件，根据成套项目加强勘察设计全过程监督管理的需要，补充制定《成套项目设计监理实施管理内部暂行办法》。第三轮是2004—2008年，商务部根据提高援外法制化管理水平的要求，出台援外历史上第一批有关援外管理的部令，主要包括2004年制定出台《援外成套项目和物资项目实施企业资格认定办法》，同年制定出台《援外青年志愿者选派和管理暂行办法》，2006年制定出台《对外援助物资项目管理暂行办法》，2008年在此前系列规范性文件的基础上制定出台《对外援助成套项目管理办法》等。经过近20年的创新和改革，到2010年符合社会主义市场经济条件的对外援助项目管理制度基本构建完成。

进入21世纪，国际格局加速向政治多极化和经济全球化演化。以2001年加入世界贸易组织为标志，中国的经济发展和改革开放进入强劲增长的快车道。中国对外援助在继续深化自身体制机制改革的同时，也开始以更加积极的姿态参与国际发展合作。

世界不会忘记

一是中国实现对外援助规模的恢复性增长。2004—2009年，中国对外援助总额的年均增长率达到29.4%，2010—2012年，中国对外援助总额约占前60年总和的30%，特别是援外贴息优惠贷款规模增长迅速，2010—2012年援外贴息优惠贷款额已经占到同期对外援助总额的55.7%。二是中国主动构建国际发展新平台，并且对接国际发展政策。2000年，创办"中非合作论坛"并在北京举办第一届部长级会开始，中国"中国—葡语国家经贸合作论坛""中国—加勒比经贸合作论坛""中国—太平洋岛国经济发展合作论坛"等以中国为核心的全方位国际发展新平台如雨后春笋般创立，并结合国际发展领域的重要议程，在国际减贫、气候变化、非洲发展、粮食安全、健康卫生、促贸援助、人力开发等方面宣布一系列具有重大影响的援助举措。

这一时期中国的受援国从20世纪80年代的83个进一步发展到100多个。中国对外援助利用有限的援助资源，继续在全球范围内援建一大批对受援国经济社会发展具有重要影响的重大项目。

1981年，中国援外第一个大型水工项目，马耳他干船坞码头工程建成。

1982年，斯里兰卡最大的防洪排涝工程金河治理工程建成。

1984年，帮助突尼斯政府实现"西水东调"全国规划，麦热尔德—崩角水渠建成。

1986年，毛里塔尼亚友谊港，继坦赞铁路后又一重大援非交通工程建成。

1993年，缅甸仰光—丁茵公路铁路两用桥建成。

2005年，朝鲜大安友谊玻璃厂建成。这是新时期援朝最大规模的现代化生产性项目。

2008年，巴基斯坦瓜达尔港建成。该项目是中巴经济走廊的旗舰项目，也是巴方建立的首个经济特区。

2012年，非洲联盟会议中心建成。这是非洲联盟新的总部大楼，彰显中非传统友谊在新时期影响力的旗舰项目等。

创新阶段（2013年至今）

党的十八大以来，中国对外政策进入"大国外交"的新阶段。国内经济发展进入新常态，改革进入深水区，各种矛盾相互交织；国际格局处于大变革、大调整的关键时期，中美之间破解"修昔底德陷阱"和构建新型大国关系正面临战略选择。以习近平同志为核心的党中央深刻把握国内国际两个大局，创造性地提出"构建人类命运共同体"的对外政策命题,以及"一带一路"倡议，开始在复杂多变的国际格局中主动引领国际发展合作和全球治理改革。面对新的国际国内形势，近年来中国的对外援助开始从微观层面的改革转向中观和宏观层面的创新，在消化巩固市场化改革成果的基础上，致力于从更深层次和更广范围推进中国特色对外援助模式的转型升级。以习近平同志为核心的党中央在中国参与国际发展问题上旗帜鲜明并且一以贯之地提出"正确义利观"的核心理念。正确义利观要求中国对外援助在推进构建人类命运共同体的伟大实践中，正确处理好与广大发展中国家之间义和利的关系，坚持"义利相兼、以义为先"，通过"多予少取"或"只予不取"的经济援助、经验分享和集群式发展，帮助受援国走上自强发展的道路；坚持"扶危济困、守望相助"，通过实施好每一个实实在在的援助项目，将有限的援助资源投向受援国发展急需和民众急难所需；坚持"己所不欲，勿施予人"，通过充分尊重受援国主权、政治现实和核心利益，与受援国建立起相互尊重、平等包容的发展伙伴关系；坚持"授人以鱼不如授人以渔"，通过加强技术援助、提升参与度和促进能力建设，帮助受援国增强自主发展能力。

为充分发挥对外援助作为大国外交重要手段的作用，党中央决定组建新的国家国际发展合作署，并于2018年4月正式挂牌成立，这不仅是中国对外援助管理体制的又一次重大改革，也标志着中国特色对外援助模式与国际发展合作主流模式融合转型。因此，面对当前国际发展领域"双边是基础、话语权在多边、大国博弈在三方"的基本现实，新时代中国的对外援助亟待从单一的双边援助向开放包容的双边援助、多边援助、三方合作的多元合作体系转型，以更加积极的姿态参与和引导发展议题并贡献中国方案，从而提高中国在国际发展领域的话语权，并促进大国之间的国际发展竞争转向国际发展合作。

2013年以来，中国的对外援助主动对标国家对外战略总体要求，新增援助资金主要投向"一带一路"沿线国家和周边重点受援国。加大对巴基斯坦作为"一带一路"支点国家的援助力度，实施瓜达尔港及其开发区配套设施、喀拉昆仑公路二期等大量改善基本民生和完善基础设施的援助项目，促进巴基斯坦社会经济发展和中巴经济深度融合。

2014年，中国政府援建马累—机场岛跨海大桥，即"中马友谊大桥"。该桥是马尔代夫人民的世纪工程和中国"21世纪海上丝绸之路"发展倡议的早期收获项目，2018年9月按期建成通车后，有效助力马尔代夫国家发展空间实现质的飞跃，也成为中国在新时代坚持"只予不取"的真诚援助和大小国家之间平等尊重的最新典范。

2017年以来，中国为柬埔寨磅清扬、波萝勉、磅士卑、柴桢等16个省乡村地区打深井约1800口，新建池塘约80座，大大改善了柬埔寨乡村地区供水条件。

2018年，中国实施老挝沼气推广技术海外培训项目。

中国为柬埔寨提供40辆配备医疗设备的流动诊所车辆，满足儿科、普外科、妇产科、牙科、耳鼻喉科、X光、超声波等一般性检查和治疗需求。

中国在湖南长沙实施柬埔寨教育数字化培训项目，共有38名官员参加。

2019 年，中国援菲律宾南阿古桑省戒毒中心揭牌。该占地面积约 3 公顷，总建筑面积 6750 平方米，配备了治疗、培训、康复等设施，向菲南部地区的吸毒者提供康复治疗、毒品依赖性检测、咨询等多项服务。

2020 年 3 月，中国援助菲律宾的抗疫物资，由包机运载飞抵马尼拉。这些物资包括 10 万人份检测试剂、10 万只医用外科口罩、1 万只医用 N95 口罩和 1 万件医用防护服。

2021 年 2 月 8 日，中国政府向老挝无偿援助的新冠疫苗运抵老挝首都万象瓦岱国际机场，老挝成为首批接受中国疫苗援助的国家之一。

除已有的无偿援助、无息贷款和援外优惠贴息贷款之外，2015 年，中国宣布设立南南合作援助基金用于支持国际社会落实"2030 可持续发展目标"，南南合作援助基金成为中国政府直接对接国际发展政策的新型对外援助资金，它吸引国际发展机构、非政府组织等国内外多元主体共同参与，并留有较大的创新发展空间。2017 年 11 月，中国政府正式委托世界粮食计划署对巴基斯坦直辖部落区妇女儿童提供人道主义物资援助，标志着南南合作援助基金项下首个项目正式启动。截至 2018 年，南南合作援助基金已在亚洲、非洲、美洲等地区的 30 多个国家实施了 200 多个项目，涉及救灾、卫生、妇幼、难民、环保等多个发展领域。此外，由中国政府管理的优惠出口买方信贷、丝路基金等政策性融资，以及中国政府出资并参与决策的亚洲基础设施投资银行、金砖国家新开发银行和上海合作组织开发银行等多边金融机构资金也以不同形式参与国际发展合作，初步形成 以中国政府对外援助资金为核心，引导和带动其他发展融资的梯度资金结构。

进一步完善制度体系。从 2013 年开始启动改革开放以来最大规模的一轮援外管理制度建设。经过近三年努力，商务部于 2014 年底制定出台《对外援助管理办法（试行）》，这是第一部对中国对外援助的资金、对象、政策、项目等全要素进行系统规范的综合部令，具有代行对外援助基础性法规的重要意义。2015年底，商务部又先后制定出台《对外援助实施企业资格认定办法（试行）》《对外援助成套项目管理办法（试行）》《对外援助物资项目管理办法（试行）》《对外援助技术援助项目管理办法（试行）》等一系列部令。同时，又制定实施对外援助项目立项管理、采购管理、合同管理、评估管理、特殊项目管理等一系列规范性文件，形成以综合部令为龙头，以成套项目、物资项目、技术援助项目、人力资源开发合作项目和特殊项目等全覆盖对外援助项目类型为"横向"，以科研立项、资格准入、采购招标、合同管理、绩效评估等全链条对外援助项目管理程序为"纵向"的新的"五纵五横"管理制度体系。

党的十八大以来的几年是中国对外援助创新发展最快的时期，在习近平外交思想引领下，中国的国际发展理念更加鲜明，中国的援外战略布局更加优化，中国的援外制度体系更加完善，中国在国际发展领域的领导力更加突显。

2019年9月，国务院新闻办公室发布《新时代的中国与世界》白皮书，向全世界宣告中国对外援助70年在促进全球共同发展方面的历史性成就：中国"共向166个国家和国际组织提供近4000亿元人民币援助，派遣60多万名援助人员，700多人为他国发展献出宝贵生命；先后7次宣布无条件免除重债穷国和最不发达国家对华到期政府无息贷款债务；积极向亚洲、非洲、拉丁美洲和加勒比地区、大洋洲的69个国家提供医疗援助；先后为120多个落实联合国千年发展目标的发展中国家提供帮助"。

今天，面对新的要求和深层次的挑战，中国国际发展合作事业还需要以更加透明、开放的形象参与国际发展议程和提出中国方案，维护和发展好中国在国际发展领域的领导力。千里之行，始于足下，中国国际发展合作事业探索、改革的步伐不会就此止步，回顾过去和展望未来，使命光荣，任务繁重，前程可期。新时代中国的国际发展合作事业应该为中华民族伟大复兴进程和全人类和平发展事业作出更大的贡献，也能够作出更大的贡献！

后记

从萌生想法到拿出策划方案，从市场调研到寻找投资方，从人物筛选到确定作者……这一路走来，太多太多的美好让人感怀，太多太多的人令人敬佩。感谢王家康、楚济学、董保存、黄绍兵四位老师的不吝赐教；感谢李辉、吴明、张伟、朱玉生、汪冬莲、李航等老师的辛劳；特别感谢北京和衷文化的王科先生，他是一位有情怀、有格局的人。几个月来所有的辛勤付出，都化作了一个共同目标的实现：《铭记》系列丛书的顺利付梓。

在本系列选题的写作过程中，我们参考、借鉴了相关书籍和报刊资料，在此一并向有关作者表示诚挚的谢意。真诚希望本系列丛书的出版，能让爱国主义精神激荡于每位华夏儿女心中，让国际主义赞歌响彻所有热爱和平的人的耳畔，为实现中华民族伟大复兴中国梦、推动"一带一路"建设和构建人类命运共同体营造良好人文环境，作出应有的贡献。

编者

2021年7月